WILLIE ROUGH

Willie Rough

A PLAY BY

BILL BRYDEN

EDINBURGH

SOUTHSIDE

1972

SOUTHSIDE (PUBLISHERS) LTD
6 Sciennes Gardens, Edinburgh EH9 1NR

First published, with the aid of a Scottish Arts Council
grant, Edinburgh 1972.

Cased 900025 04 2
Paper 900025 05 0

Printed in Great Britain
by NEILL & CO. LTD
212 Causewayside, Edinburgh EH9 1PP

TO

James G, James K, John
and Paul

Roddy, Fulton, Callum
and Joe

Jack, Andrew, Eileen, Clare, Christine
Bill and Jimmy (the Polis)

AND TO

Charles, Deirdre, Geoffrey, Clive
and Deborah

WHO ALL BELIEVED IN

THE VIEW FROM THE HILL

WILLIE ROUGH *was first performed at the Royal Lyceum Theatre, Edinburgh, on 10 February 1972, with the following cast:*

MR PENROSE	*JOHN SHEDDEN*
GEORDIE MAC LEOD	*JAMES KENNEDY*
SAM THOMSON	*PAUL YOUNG*
WILLIE ROUGH	*JAMES GRANT*
HUGHIE	*FULTON MACKAY*
PAT GATENS	*JOSEPH BRADY*
EDDIE	*CALLUM MILL*
JAKE ADAMS	*RODDY MC MILLAN*
APPRENTICE	*ANDREW BYATT*
KATE	*EILEEN MC CALLUM*
BERNADETTE	*CLARE RICHARDS*
SANNY	*BILL MC CABE*
PETER	*JAMES GAVIGAN*
CHARLIE MC GRATH	*JOHN CAIRNEY*
NURSE	*CHRISTINE MC KENNA*
WORKERS	*HARRY FOX, RAY RENNIE, & MIKE ROBERTS*

Directed by BILL BRYDEN
Designed by GEOFFREY SCOTT
Costumes designed by DEIRDRE CLANCY
Lighting by ANDRÉ TAMMES
Assistant designer PETER BENNION

I CARRY A BRICK on my shoulder in order that people may know what my house was like.

BERT BRECHT

GREENOCK

This grey town
That pipes the morning up before the lark
With shrieking steam, and from a hundred stalks
Lacquers the sooty sky; where hammers clang
On iron hulls, and cranes in harbours creak,
Rattle and swing, whole cargoes on their necks;
Where men sweat gold that others hoard or spend,
And lurk like vermin in their narrow streets:
This old grey town
Is world enough for me.

JOHN DAVIDSON

9

MR PENROSE, *clerk*

GEORDIE MACLEOD

SAM THOMSON

WILLIE ROUGH

HUGHIE

PAT GATENS

EDDIE, *publican*

JAKE ADAMS, *foreman*

APPRENTICE

KATE, WILLIE'S *wife*

BERNADETTE, PAT'S *wife*

SANNY, *policeman*

PETER, *policeman*

CHARLIE MCGRATH

NURSE

WORKERS

THE ACTION IS SET in Greenock, Scotland, between February 1914 and June 1916.

10

ACT ONE

1. SHIPYARD EMPLOYMENT OFFICE: FEBRUARY 1914

The shipyard horn blasts loud and long. Three men are sitting on a simple wooden bench opposite a cluttered wooden desk with an empty chair behind it. WILLIE *is reading a newspaper. Beside him* SAM *is rolling a cigarette. Next to* SAM *sits* GEORDIE. SAM *lights his cigarette, and, while they wait,* GEORDIE *begins whistling impatiently.* MR PENROSE, *the clerk, comes in, ignoring their reaction to his arrival. He sits down on the empty chair, and rearranges his papers.*

MR PENROSE Who's first? [GEORDIE *stops whistling, gets up quickly, and goes over to the desk.*] Name?

GEORDIE I've tae see Jake Adams.

MR PENROSE I asked you your name.

GEORDIE My name? George R. MacLeod, an' I've tae see Jake Adams.

MR PENROSE [*giving up trying to fill in the form*] You'll find him down the yard. Ask somebody where the tanker is.

GEORDIE What's it cried, like?

MR PENROSE Pardon?

GEORDIE What's its name, pal?

MR PENROSE It hasn't got one yet. You'll have to build it first.

GEORDIE I'll find 'im O.K. Thanks, pal.

GEORDIE *goes out.*

MR PENROSE Next? [SAM *rises and goes to the desk, still smoking his roll-up.*]

MR PENROSE Name?

SAM Same as him.

MR PENROSE I suppose you're George R. . . .

SAM Not at all. Jake.

MR PENROSE And what's Jake short for?

SAM I'm no Jake. I'm Sam. I'm lookin for Jake, but. Jake Adams. I've come tae the right place, I hope.

MR PENROSE Yes.

SAM Jake Adams is the foreman, right?

MR PENROSE He's one of our foremen, yes.

SAM Well, I want tae see 'im. He's startin me this mornin. I'm Sam Thomson.

MR PENROSE You'll find him down the yard. Ask somebody where the tanker is.

SAM Thanks for nothin', Jimmy. [SAM *goes to the door. He opens it, then turns to face* MR PENROSE *again.*] Hey?

MR PENROSE Yes.

SAM Is it as hard tae get out o here as it is tae get in?

MR PENROSE I beg your pardon?

SAM Just a wee joke. Cheer up.

SAM *goes out.*

MR PENROSE [*not pleased*] Next! [WILLIE *folds up his newspaper, rises, walks over to the desk, and takes off his cap.*] I suppose you're looking for Jake Adams as well?

WILLIE Who's Jake Adams?

MR PENROSE Name?

WILLIE Rough. R, O, U, G, H.

MR PENROSE I can spell.

WILLIE Sorry. I wis just tryin tae help.

MR PENROSE [*delighted that at last he can fill in a form*] Rough by name and rough by nature, eh?

WILLIE Aye.

MR PENROSE First name?

WILLIE William.

MR PENROSE Any others?

WILLIE The wife an' two weans.

MR PENROSE Names, I mean. Any middle names?

WILLIE No. . . just thae two. . . . . Willie Rough.

MR PENROSE Date of birth?

WILLIE The eighteenth o January 1883.

MR PENROSE That makes ye. . .?

12

WILLIE   Thirty-wan.

MR PENROSE   How long have you been idle?

WILLIE   The last job stopped the week o Christmas.

MR PENROSE   Tough luck.

WILLIE   We still had Christmas.

MR PENROSE   It's getting so that it doesn't mean a thing, Christmas.

WILLIE   I can see you've nae weans.

MR PENROSE   [*less familiar*]   Do you have your lines?

WILLIE   Aye. [*Taking some papers out of his pocket, he hands them to the* CLERK. *The* CLERK *reads them.*] . . . My time's been out a good while nou. . . . I'm a good tradesman. I've got references.

MR PENROSE   Organised, I see.

WILLIE   Oh, ye *must*, Mr. . . . eh?

MR PENROSE   Penrose. Religion?

WILLIE   Prod'sant.

MR PENROSE   Do you go?

WILLIE   Aye. I'll need tae find a good kirk doun here.

MR PENROSE   You're not a Greenock man, then?

WILLIE   Na. I walked frae Johnstone this mornin.

MR PENROSE   That's fifteen miles.

WILLIE   Felt like fifty in the dark.

MR PENROSE   Oh.

WILLIE   I left early in case there was any chance o a start.

MR PENROSE   Well. . . . I don't see how I can help you, Mr Rough.

WILLIE   What dae ye mean?

MR PENROSE   We've nothing at present.

WILLIE   I thought I'd get a start.

MR PENROSE   There's no work.

WILLIE   What dae ye mean, nae work? Them other two men got a start. Nae fillin in any forms. Nae nothing! I'm no stupit. What's the password, Mr Penrose?

MR PENROSE   I don't know what you're talking about. Look, if you call in at the end of the week there just might be something. I'll see what I can do.

WILLIE   I left the house at half-four this mornin. I walked tae Greenock tae get a job, and I'm no goin hame 'ithout wan!

MR PENROSE   Hot-headedness will get you nowhere, Rough. It's nothing to do with me.

WILLIE   Who's it tae dae wi, then?

MR PENROSE   I'm not the management. I'm a clerk. Shouting at me won't affect the issue one way or another.

WILLIE   I think I've been wastin my time talkin tae you. Who's the heid man?

MR PENROSE   I'm sorry.

WILLIE   You're no. You don't even know me. What does an application form tell ye about a man? You're no the least bit sorry.

MR PENROSE   If I could help you, I would.

WILLIE   Let us see the top man, then.

MR PENROSE   Mr Cosgrave isn't interested in the problems of employing one riveter, and you know it.

WILLIE   Aye, he should be, but.

MR PENROSE   That's as may be.

WILLIE   I'm a good man, Mr Penrose.

MR PENROSE   Look, I'll tell you what.

WILLIE   What?

MR PENROSE   Find one of the foremen. Preferably one that's a Protestant. Talk to him. He might be able to start you.

WILLIE   How can he start me when you cannae?

MR PENROSE   Because

WILLIE   Because what?

MR PENROSE   Because that's the way things are. Every yard on the Clyde does things that way, and we're no exception.

WILLIE   What a state o affairs!

MR PENROSE   That's the way it is.

WILLIE   Well, what dae I dae first? Join the Masons, or something?

MR PENROSE   I don't think it need come to that. You'll find one of the foreman in the James Watt Bar across the road at dinner-time. Name of Jake Adams. He's never out of there.

WILLIE   Right y'are. I've never got a start in a pub afore. [*He moves towards the door.*]

MR PENROSE   Have you got any money?

WILLIE   How?

MR PENROSE   You might have to buy him a refreshment.

WILLIE   I've got four an' a tanner.

MR PENROSE   You're fine, then.

14

WILLIE   Aye. [*He goes to the door, but turns back just before leaving.*]
I must thank ye very much.
MR PENROSE   You haven't got a start yet.
WILLIE   I will, but. I've got tae.

WILLIE *goes out.* MR PENROSE *pulls the application form into a bundle
and throws it into the waste-paper basket.*

2. THE JAMES WATT BAR: FEBRUARY 1914 (SAME DAY)

*The Public Bar is so small that when a few workers come in it will seem
crowded. The bar is on one side. At the other side there are two round
tables, and a long bench against the wall provides seating for both. The
entrance to the Family Department is beside the bar, and a door at the
back opens on to the street.*

EDDIE, *the publican, behind the bar, is studying the racing form. Two
other men are seated on the long bench behind one of the round tables,
talking.* PAT *is in his late thirties;* HUGHIE, *a small, wiry man, must be
nearly sixty, but it's difficult to tell exactly how old he is. They are
arguing chiefly to pass the time; and, though they tend to shout, their
dispute is neither violent nor serious.*

PAT   He is!
HUGHIE   He isnae! Ye don't know.
PAT   I know aa-right. He's my wean, in't 'e?
HUGHIE   Aye, but he's only six months auld. Ye cannae tell yit.
PAT   I can tell.
HUGHIE   Hou can ye tell 'at a wean's gonna be clever at that age?
PAT   He's got a big heid. That's a sign o intelligence.
HUGHIE   It's no!
PAT   I'm tellin ye it is!
HUGHIE   An' I'm tellin you it's no! Listen tae me. There's a wumman
lives doun ablow me. She's got a boy wi a big heid, and he's daft!
PAT   Aye, but that's different. Och, ye cannae argyie wi you, Hughie!

An APPRENTICE *comes in. He's about fourteen years old.*

EDDIE Hey, get out!

APPRENTICE Keep yer hair on, wigs are dear.

EDDIE You're too young tae be in here. What dae ye want?

APPRENTICE I'm over wi the gaffer's line.

EDDIE Who's your gaffer?

APPRENTICE Jake Adams.

EDDIE That's all right, then, son.

The APPRENTICE *crosses to the bar, and gives* EDDIE *a piece of paper.*

APPRENTICE He says there should be somethin' back frae yesterday.

EDDIE Oh. Just let me check up. [*He looks at his list of bets.*] Aye, he has, right enough. [*Sadly*] He had a winner at Hamilton, and a place as well, but Ballykameen wis naewhere. They're still out lookin for it wi a bale o hay. That's [*counting*] eh. . . five tae wan at a tanner's hauf a croun, and he's a tanner back's, three shillins, an' wan an' three for the place. Four an' three, son. Is that what Jake said it would be?

APPRENTICE He didnae tell me.

EDDIE That's what it is, well. Nou, what's he on the day? [*He looks at the slip of paper.*] Confident, I see. Two bob each way on the favourite in the first race at Ayr, an' a shillin tae win on Chansin Damour. Five bob. By Jeese, he's breakin out the-day. Look son, gie us ninepence, and he's on. [*The* APPRENTICE *gives him the money.*] Right ye are, son. Ye can have a drink, if ye want.

APPRENTICE Never touch it. My faither's a Rekkabite.

The APPRENTICE *goes out.*

EDDIE Hey, Hughie!

HUGHIE What's that, Eddie?

EDDIE Will ye go a wee message for us?

HUGHIE Is there a drink in it?

EDDIE I'll gie ye a hauf.

HUGHIE I never say 'No' to a wee refreshment, Edward. . . . There's no too much walkin in it, is there?

EDDIE Just run over an' get me the *Outlook*

HUGHIE I don't know whether I'll be runnin

EDDIE Ach, ye know what I mean. Just get us the paper. I want tae

16

see the latest price o that horse Jake Adams is on. It's no even in the bettin in this wan.

HUGHIE, *whose left leg has been amputated just above the knee, picks up a heavy wooden crutch from under the table, gets up, and hobbles over to the bar to get the money from* EDDIE, *then crosses quickly to the door which opens on to the street.*

HUGHIE   I'd pour out that hauf, Eddie. It's great how the prospect o a wee goldie fairly gies a man acceleration.

HUGHIE *goes out into the street.*

EDDIE [*pouring out* HUGHIE'S *drink*]   How about you, Pat?
PAT   Na, I'm fine, Eddie. I'll need tae get back tae the job. I'm supposed tae be out for a message.

WILLIE *comes in and crosses to the bar.*

EDDIE   Yes?
WILLIE   A hauf gill o Bell's.

WILLIE *gives him money.* EDDIE *gives* WILLIE *his change, then returns to the racing page.* PAT *looks at* WILLIE; WILLIE *waits, drinking his whisky.*

EDDIE   . . . Chansin Damour. . . it's funny, it's no in the bettin.
PAT   I know what you want, Eddie.
EDDIE   What's that?
PAT   You want everybody's horse tae go on the bing. By the law o averages somebody's got tae win sometime.
EDDIE   What dae you know about Chansin Damour, Pat Gatens?
WILLIE   It's by Pride and Prejudice out o French Dressin. It was a close fourth at Bogside a while back. It woulda won if I hadnae been on it. It's due a win. There's an apprentice on it the day.

HUGHIE *comes back into the Public Bar with the newspaper.*

PAT   You're too late, Hughie.
HUGHIE   How?

B

PAT   We know aa about Jake Adams' horse nou. This fella tellt us.

HUGHIE   Dae I still get my drink?

EDDIE   Aye.

HUGHIE   That's aa-right, then. [*He lifts* WILLIE'S *glass and drinks his whisky.*]

EDDIE   Hey, Hughie. That's his.

HUGHIE   Hell of a sorry.

HUGHIE *lifts his own glass and drinks that down, then dances over to join* PAT.

EDDIE   You're a bettin man, I see. . . eh. . .

WILLIE   Willie. Willie Rough. No, I wouldnae say that. I'm just interested in horses an' dugs. I only bet when I'm at the meetin. Sometimes I can pick a winner in the flesh. I've nae luck wi the papers.

EDDIE   Is 'at a fact?

PAT   He's no wan o the mugs, Eddie.

EDDIE [*to* WILLIE]   Ye local, like?

WILLIE   Na, I'm frae Johnstone. Came doun this mornin tae try tae get a start ower by.

SAM *and* GEORDIE *come in from the street.*

EDDIE   What'll it be, boys?

SAM   Two pints.

WILLIE *looks at* SAM *and* GEORDIE, *then moves over to the empty table and sits down.* PAT *slides along the bench to be beside him, and* HUGHIE *follows suit.*

PAT   I couldnae help owerhearin your, eh, conversation, like. . . . Tryin tae get started, are ye?

WILLIE   Aye. It's like gettin out o prison.

HUGHIE   It's harder 'ithout your faculties, believe me.

PAT   Shut it, Hughie!

HUGHIE   It's aa-right for some folk.

PAT [*to* WILLIE]   You want tae speak tae wan o the gaffers. That's the system.

18

WILLIE I know.

PAT You've come tae the right place.

WILLIE Will ye point 'im out tae us when he comes in?

PAT Aye, sure.

WILLIE You workin?

PAT I'm at the hole-borin. Pat Gatens.

WILLIE Willie Rough.

PAT This is Hughie.

WILLIE Hello.

HUGHIE Pleased tae meet ye.

They shake hands. Several workers come into the pub. Most of them order a whisky and a bottle of beer; and when they have been served, they begin chatting in groups round the bar. They are dirty, and have obviously been working. All of them wear caps (which they call 'bunnets'). The small bar soon begins to look crowded.

WILLIE Thae two ower there. They got a stairt this mornin. Aa I got was a lecture frae the time-keeper.

PAT Penrose?

WILLIE Aye.

PAT Holy Willie. He's a Wee Free or something. He disnae drink or onything!

HUGHIE Some folk's no wise.

They drink. JAKE *comes in. He is about forty-five years old. He wears a suit and matching bunnet. He looks cleaner than the rest. He is not tall but powerfully built.*

GEORDIE Can I buy ye a drink?

JAKE That's very good o ye, Geordie. I'll have a hauf gill o' Bell's.

EDDIE Right ye are! [*He pours out the drinks.*]

HUGHIE [*Confidentially*] That's your man there, Willie. . . the gaffer.

PAT Shut it, Hughie. He might be frae Johnstone, but he's no stupit.

HUGHIE Sorry I spoke.

JAKE [*to* EDDIE] My boy was tellin me ye're no too pleased about my win yesterday.

EDDIE Naebody likes tae lose.

19

JAKE   Come on, Eddie, the bookie never loses, and you know it. Got a tip frae the course the day – Chansin Dammer.

EDDIE   Outside chance.

JAKE [*laughing*]   It'll walk hame. I've a good mind tae get the whole yard on it just tae spite ye, Eddie.

EDDIE   Hey! Steady on, Jake! Ye want tae bankrupt us aathegither?

JAKE   Aye, likely. Take mair than wan cert tae dae that.

EDDIE   Remember, we've a maximum pey-out here, Jake.

JAKE   I'm sure the lads would take payment in kind frae the likes o you, Eddie. They've a gey long time tae wait tae next New Year, an' thay'll be some that's no daein much drinkin, or first-fittin either, this time.

EDDIE   How no?

JAKE   King and Country, Eddie.

EDDIE   Aye, ye might be right.

JAKE   I'm bloody sure I'm right. They'll be runnin doun tae the Toun Hall tae enlist like the R.Cs. queuein up for their wee bit o soot on Ash Wednesday. Just you wait.

Leaving the bar, JAKE *goes towards the entrance to the Family Department, passing* WILLIE'S *table.*

PAT   Hello-rerr, Jake. Got that wee message for ye.

JAKE   Ye werenae long gettin back.

PAT   This is Willie Rough – Jake Adams.

JAKE   Fine day.

PAT   He's eh. . . wonderin, like, if there's any chance o a start, Jake.

JAKE   Impossible at the moment, son. I started a couple o new men this mornin.

PAT   He's wan o yours, Jake.

JAKE   I see. I cannae promise. I'm goin in there.

JAKE *goes out into the Family Department.*

HUGHIE [*To* WILLIE]   There ye are, then.

WILLIE   What?

HUGHIE   G'in and see 'im.

WILLIE   I'm no deif, Hughie, he said it was impossible.

HUGHIE   That'll be right, I don't think!

WILLIE   O.K. What dae I dae nou?

PAT *produces a packet of Gold Flake cigarettes and offers one to* WILLIE.

PAT   Fag?

WILLIE   Ta.

HUGHIE [*seizing one before* WILLIE *can*]   You're a gentleman, Patrick.

PAT   When are you gonna buy some?

HUGHIE   The next hallecaplump Tuesday 'at faas on a Wednesday.

PAT   I havenae got a light, Willie. Go an' ask Jake Adams for a match.

WILLIE   Haud on. I've got a box in my pocket.

PAT   Just dae what I tell ye.

WILLIE *gets up and goes into the Family Department.* PAT *gives* HUGHIE *a light and then lights his own cigarette.*

HUGHIE   It's a bit slow on the uptak. Just doun frae the hills, ye ask me.

PAT   It's aa-right for us. We know the gemm. But how onybody's expectit tae know how ye go about it beats me.

HUGHIE   It's hardly worth 'is while onywey. The likes o him'll be itchin under 'is khaki afore ye can say 'Jock Robinson'.

WILLIE *comes back into the Public Bar.*

HUGHIE   Well?

WILLIE   Well what?

PAT   What happened?

WILLIE   Nothin'. I asked him for a light. He gies me a box o matches an' says, 'Keep the box. There's only wan in it.'

HUGHIE *and* PAT *exchange looks. They have a secret.*

HUGHIE   Light your fag, then.

WILLIE [*opening the matchbox*]   Christ! Ther' money in here. Hauf-a-croun.

HUGHIE   Pat, what did I tell ye afore? He's daft, an' he *hasnae* got a big heid. Look, Willie, ye don't expect Jake Adams tae gie somebody a light like any other body, dae ye?

PAT Have ye got a hauf-croun?

WILLIE Aye.

PAT Well, pit it in the box wi the other wan, an' gae ben there, an' gie 'im the box back. Tell him there were three in it, and ye used wan.

HUGHIE That's safe enough. Walls have ears, Willie.

WILLIE Bribery and corruption.

PAT Well, ye want the job, dan't ye?

WILLIE Aye.

PAT That's aa-right, well.

WILLIE It's *no* right.

PAT Listen tae me, pal. I don't know you. I only met ye five minutes ago. Ye tellt me ye wantit a job, right?

WILLIE Right.

PAT Well, will ye shut that fuckin box an' tak it ben there an' get wan? You're no the only wan idle, ye know. Maist folk think it's worth a few bob tae get a start these days.

HUGHIE Pat knows, Willie. . . .

WILLIE Gie's a light.

PAT *lights* WILLIE'S *cigarette.* WILLIE *rises and goes out into the Family Department.*

PAT . . . Want a drink, Hughie?

HUGHIE You know me, Patrick. Refuse naething but blows.

PAT You get them up then.

PAT *gives* HUGHIE *money.* HUGHIE *gets up and goes over to the bar.*

HUGHIE Three Bell's, Eddie.

EDDIE Three Bell's. Aa-right for beer?

HUGHIE Aye.

WILLIE *comes back into the bar and sits down again beside* PAT.

WILLIE What happens nou?

PAT Ye wait, Hughie's gettin 'em up.

HUGHIE [*to* SAM, *who stands at the bar reading a newspaper*] Is that the wan o'clock *Telegraph*?

22

SAM   What dae ye think it is? Scotch mist?

HUGHIE   Can I hae a wee scan at it?

SAM   Buy your ain.

HUGHIE   Keep the heid. Civility costs naething.

SAM   Away ye go. I'm studyin form here.

HUGHIE   Ye can keep that page. Gie's the rest.

SAM   Oh, is that aa? Here ye are. [*He hands over most of the newspaper.*] I thought ye wantit the runners.

HUGHIE   Na, I just want tae see if they've set a date for it yet.

SAM   For what?

HUGHIE   The war, what dae ye think?

SAM   You're no thinkin o volunteerin, are ye, Hughie?

HUGHIE   I've had mine. You wait. It's no a Sunday School Picnic tae fuckin Largs.

EDDIE [*handing over drinks*]   That'll be wan an' nine.

HUGHIE   It's on the counter.

HUGHIE *takes the drinks over to the table, making two trips.*

PAT   Look, I'm tellin ye. It's no money doun the drain. Ye'll be aa-right.

WILLIE   I'd better be. I'm skint. . . .

PAT *and* WILLIE *begin drinking, while* HUGHIE *is fetching the rest of their drinks.*

PAT   Ye mairrit, like?

WILLIE   Aye. I've got two weans. A boy and a wee lassie.

PAT   I've got five.

HUGHIE [*bringing the last of the drinks*]   He's tryin tae win the Pope's medal.

PAT   Shut yer face, you! What's in the paper?

HUGHIE   The usual.

PAT   Dae ye think ye'll be joinin up, Willie?

WILLIE   Na.

PAT   How no?

WILLIE   It's no my war when it does come. Nor yours, neither.

HUGHIE Aye, but ye've got tae go but. I mean, I didnae start the last wan, but I had tae go. An' look what happened tae me. I left wan leg in a midden bin in fuckin Africa, bi-fuck!

WILLIE But naething cam out o't at aa, did it? Can ye no see? What's five weans gonna dae 'ithout their faither? Ye see. . . it's aa arranged frae start tae finish. It's been worked out, like. The time-tables o trains that'll tak the boys back an' furrit frae the Front have aa been organised. Ye wouldnae believe it. The war's got tae come nou, because folk want it. An' it's no only the politicians, either.

PAT Naebody wants war.

HUGHIE Naebody wise, onywey.

WILLIE You're wrang there. Just tak a look at thae men ower at the counter there.

PAT What about them?

WILLIE They'll volunteer tae a man when the times comes. Some o them are learnin tae march at nights up our way aaready.

PAT Aye. I go mysel'. . . the odd time.

WILLIE Sorry I spoke, then.

HUGHIE Hey, you. . . Willie, for Christ's sake, ye're no a German spy, are ye?

PAT Och, Hughie, wheesht! [*To* WILLIE] So what dae ye suggest we dae. . . supposin. . . just supposin the war braks out? Take a fortnight's holidays an' take the weans tae Rothesay for a dip?

WILLIE Stay where ye are. Here in Greenock, where ye belang. Sure, we've got tae try our hardest tae prevent this imperialist war: [*rhetorically*] but if it starts, as start, God help us, it surely will, it's our duty to oppose it. Out of the crisis of the war we must find the means to bring an end tae capitalism.

HUGHIE A Red Flagger, for fuck's sake!

PAT Hey! Keep the heid, Willie. Ye sound like wan o they manifestos, or somethin' lik that. Drink up. It might never happen.

HUGHIE What cam intae ye at aa?

WILLIE [*smiling*] Nothin' cam intae me. Ye ever hear o John McLean's meetins up in Paisley?

HUGHIE John McLean. . . for fuck's sake. . . .

WILLIE He's a great man. I really believe that. His meetins are the only thing I've got tae look forward tae 'cept gaun hame tae the wife an' the weans at night. An' just look at me nou. I'm sore ashamed o mysel, sae I am! Willie Rough sittin here waitin tae see if he's bought 'imsel' a job.

PAT Look, your politics is naething tae dae wi me. I'm no clever enough tae hav politics. I just vote Labour lik everybody else. But listen tae me. Ye're no exactly whisperin, an' if ye say much mair, ye'll be out o that yaird afore ye're in it!

HUGHIE Aye. Come see, come saa, Willie.

PAT You've got a wife an' weans tae feed. Remember that.

WILLIE Aye. Sae I'll sit quiet. I'll drink my drink an' say nothing! I'll say nothing, no because I'm feart, but because I don't know what I want tae say. I'll wait. . . .

HUGHIE I'll say wan thing, Willie. Ye've kinna put the tin lid on the conversation. We're lik three folk at a funeral waitin tae see if the widow wumman's teetotal. I mean

JAKE *comes out of the Family Department, and* HUGHIE *stops talking.* JAKE *walks past their table towards the street door, stops, and turns to* WILLIE, *who goes on looking straight ahead.*

JAKE Hey, Rough! [WILLIE *turns to face him.*] Ye start in the mornin.

                                                                JAKE *goes out.*

WILLIE Thanks, eh. . . Mr Adams.

PAT *and* HUGHIE *are delighted:* WILLIE *now owes them a drink.*

PAT What did I tell ye?

HUGHIE Pat knows. Pat's the wee boy.

WILLIE I should buy the baith o ye a hauf, but I've just got my bus fare hame for the night an' the morra left.

HUGHIE Nae dout we'll all congregate at this very spot for a few refreshments at a later date, Willie. I'm free when ye get your pay next Saturday.

WILLIE [*to* PAT] Dae ye work a week's lyin time?

PAT Aye.

WILLIE A week on Saturday, then. [*He rises.*] I must thank ye very much, Pat. I suppose I'd better get up hame an' tell the wife.

PAT Aye, ye'll need tae find a house doun here.

WILLIE I'll go and see some factor the-morra.

PAT Willie?

WILLIE Aye?

PAT Hope ye don't mind, like, but I've got a wee bit o advice. Keep aa that John McLean propaganda tae yoursel', for Christ's sake. At least, wait till ye've taen your jaicket aff an' worked a few hours.

WILLIE [*getting ready to go*] I know what ye mean.

PAT I go tae the drillin an' that, but I don't think I'm gonna go tae the Front either.

HUGHIE Ye've baith naething tae worry about. Even if they get tae the stage of sendin the Press Gang out, you'll baith be on work of national importance.

WILLIE I don't know what's worse.

HUGHIE Better a live coward nor a deid hera.

PAT Aye.

HUGHIE Well, cheerybye, Willie.

WILLIE Cheerio.

WILLIE *goes out.*

HUGHIE . . .Fairly gies ye 'is life story, dan't he?

PAT Nice enough fella.

HUGHIE Aye. . . the-nou. But you wait. Just you watch that yin. He'll be mair confident wi a pound or two in 'is pocket. He'll be haunin out leaflets and pamphlets an' God kens what aa else. Wait tae ye see.

PAT Well, it'll be a chynge frae the *War Cry*.

HUGHIE He'll just hav tae watch he disnae get 'is jotters. . . or worse. . . he'll get his heid bashed in and find himsel' six fit doun below South Street.

PAT Aye. . . mebbie you're right, Hughie. . . .

EDDIE Hughie!

HUGHIE What?

EDDIE Will ye go a wee message for us?

HUGHIE It'll cost ye a pint.

EDDIE I'd be better goin mysel'.

HUGHIE Please yoursel'.

EDDIE Half a pint.

HUGHIE I'll hav tae talk tae the Message Boys' Union about this. A pint's the rate for the job. Ye'll hae a strike on your hauns.

26

EDDIE Don't joke about the likes o that, Hughie, for Christ's sake. A strike's no funny.

HUGHIE Aye. It isnae, is it? They'd be nae mair doubles, trebles, an' roll-ups then, Eddie, and naebody would be able tae afford the price o a pint, either. Ye'd hav tae gie't awa.

EDDIE I'd raither sit here an' drink it mysel'.

HUGHIE That's the sort o thing you would dae!

EDDIE Would you come in an' help me finish up the stock, Hughie?

HUGHIE Gie me plenty o warnin so's I can get intae trainin.

EDDIE Aye. That'll be right. Look, Hughie, go over tae Timpson's and pick up my shoe repairs. It's their half-day.

HUGHIE Gie's the money. [*He goes over to the bar.*]

EDDIE Haud on.

EDDIE *takes out his purse. He looks inside it carefully to find the money, then takes it out, coin by coin.* HUGHIE *is leaning against the bar. Suddenly he swipes the air with his crutch as if it were a club.*

EDDIE What ye daein?

HUGHIE *GOT IT!*

EDDIE Got what?

HUGHIE Just a wee moth, Eddie.

3. THE SHIPYARD: MAY 1914

The horn blows. PAT, SAM, *and* GEORDIE *march in step down the yard. The* APPRENTICE *follows, watching them with admiration.*

GEORDIE Squa-a-a-d. . . halt!

Raggedly, they halt.

PAT It's wan-two, *HALT*, wan-two. Ye don't just stop. What dae they learn ye up at the drillin?

WILLIE *comes in and stands looking at them.*

27

SAM It's aa-right for you. You were at the back.

GEORDIE Aye. We couldnae see you.

APPRENTICE He's as bad.

PAT Shut up, you!

WILLIE Pat?

PAT Aye.

WILLIE What ye daein?

PAT Marchin.

WILLIE Thought ye'd chucked aa that.

PAT Keepin my haun in. Just in case.

WILLIE Ye're aa aff your heids.

GEORDIE Who dae ye think you are?

WILLIE I know I'm as well haudin my breath wi the likes o you, Geordie. When's 'is union meetin?

SAM Quarter an hour.

WILLIE They couldnae run a minauge, so they couldnae.

APPRENTICE I've got a baa. Gie's yer jaicket for a goal, Willie.

WILLIE *gives the* APPRENTICE *his jacket. The* APPRENTICE *makes a goal with his own jacket and* WILLIE'S.

GEORDIE Aa-right. Two-a-side.

APPRENTICE I'll go goalie.

SAM You're no playin.

APPRENTICE It's my baa!

SAM In ye go, then.

PAT Me an' Willie against the rest.

SAM Fair enough.

GEORDIE Right! To me, son.

The APPRENTICE *throws the ball to* GEORDIE. *The game begins. The tackling is quite tough.*

APPRENTICE Come on, the Rangers!

The game gets rough. Eventually PAT *scores a goal.*

PAT Goal!

28

GEORDIE That's no fair. Ye held my jaicket.
APPRENTICE Na, he didnae!
GEORDIE He did, Sam! Nae kiddin.
SAM Thae Fenians is aa the same.
PAT Mind your mouth, son.
SAM What'll you dae about it?
PAT I'll dae plenty.
GEORDIE You, an' what army?
PAT Two against wan, is it?
GEORDIE Na. A square go, anytime ye like. Haud my jaicket, Willie.
WILLIE Ye no feart ye'll catch the cauld?
PAT Haud 'is jaicket, Willie. I'll mangalate 'im!
WILLIE Ye'd be better mangalatin your piece. What happens when the gaffer comes roun? Bagged on the spot, the baith o ye.
PAT I suppose ye're right, Willie.
GEORDIE Ye crappin it?
PAT If ye're serious. . . . Roun the back aifter the meetin.
WILLIE Ye're like a couple o weans on the school play-grun.
GEORDIE You stay out o this. We'll settle it.
WILLIE Settle what?
GEORDIE Eh?
WILLIE What are ye fightin about? If Jake Adams wisnae about, I'd tak on the baith o ye mysel'.
APPRENTICE Let's see ye, Willie.
WILLIE [*kicking him in the backside*] You get tae fuck an' boil my can. Get me ten Capstan full strenth, tae. I gied ye the cash.

The APPRENTICE *goes.* WILLIE *picks up his jacket.* GEORDIE *passes the ball to* SAM. *Slowly the game begins again.* PAT *sits down exhausted.* JAKE *walks down the yard.*

JAKE Hav ye got nothin' better tae dae wi your time than kickin a baa about?
WILLIE Waitin for the Union meetin tae start, Jake.
JAKE That'll dae yez a lot o good, I don't think!
WILLIE Twopence an hour rise. Forty-five bob a week frae nou on.
JAKE An' what did the band play?
                                        JAKE *goes out.*

GEORDIE *and* SAM *continue to kick the ball to each other, once they are sure that* JAKE *is gone.*

WILLIE Pat?
PAT What?

WILLIE *goes over to* PAT, *who is stretched on the ground.*

WILLIE I know Jake's no in the Union.
PAT You stupit?
WILLIE I wish tae hell he wis.
PAT What good would it dae the likes o him?
WILLIE Time we got tae the meetin. I can see some o the boys goin doun nou.
SAM Aye. We'd better shift.

GEORDIE *and* SAM *go out carrying the ball. The* APPRENTICE *comes in carrying* WILLIE'S *can of tea.*

APPRENTICE Hey! Where dae youz think ye're goin wi my baa? [*He gives* WILLIE *his tea.*]
APPRENTICE Come back wi my baa, ye thievin bastarts!

The APPRENTICE *runs off after* SAM *and* GEORDIE. WILLIE *sips his tea.* PAT *gets up.*

PAT Takin your tea in wi ye, then?
WILLIE Keeps me awake when the shop steward's forgot 'is glesses an' cannae read the treasurer's report.
PAT Aye. He's a bit auld for it. Know what?
WILLIE What?
PAT I'm gonna propose you.
WILLIE What for?
PAT Election o office-bearers the-day. 'S about time we had a chynge. Don't look sae pleased about it. Ye might no get it, an' if ye dae, it'll be 'cause naebody else wants it.
WILLIE Ye're hell of a good tae me, Pat. I don't deserve it.
PAT It's nae bother at aa.

30

WILLIE   Are ye for mairchin intae the meetin, like?

PAT   Can ye no take a joke? You're that serious about everythin'.

WILLIE   They cannae wait for the war tae break out.

PAT   Neither can you.

They go off to the meeting.

4. A STREET: JULY 1914

KATE, WILLIE'S *wife, is waiting for him. At her feet are two bags full of shopping.* WILLIE *comes along the street, in a hurry.*

KATE   You're a fine yin. That's three tram cars we've missed. It's bad enough when ye're workin, but ye've knocked aff for the Fair, an' you're still late.

WILLIE   I wis daein my correspondence.

KATE   I don't want tae go tae Rothesay the-morra. Ye've pit me aff the notion.

WILLIE   Ye'd think I liked bein Shop Steward, tae hear you.

KATE   It's a chynge from McLean, anyhow. At least ye can dae it in your ain toun.

WILLIE [*picking up the shopping-bags*]   The weans aa-right?

KATE   A lot you care. They'll be wonderin what their faither looks like.

WILLIE   I'll tak them for a douk the-morra. I like a wee paddle mysel'.

KATE   What about me? Hav I tae sit up the lum as usual?

WILLIE   I'm takin ye out the-night. We're goin tae Pat Gatens's club.

KATE   I don't like goin out wi other folk.

WILLIE   Bernadette's nice.

KATE   I know, but I mairrit you. Sometimes I wish I wis back hame, in Campbeltown.

WILLIE   Campbeltown wis too quiet when ye were in it.

KATE   Aye. But there's nae meetins there. Ye don't hav tae read pamphlets doun there. People tell ye aa ye need tae know.

WILLIE   Three fishin-boats an' a distillery.

KATE   At least your man comes hame the odd night.

31

WILLIE You'll no be sayin that when we get the twopence-an-hour rise.

KATE I'll believe that when ye lea me forty-five shillins on the table wan Friday night. You're awful askin us out wi the Gatenses. People'll think we're turnin our coats. Is it that club up the Port?

WILLIE Aye.

KATE Ye'll be at the Chapel next.

WILLIE What's the maitter wi you? I've got my holiday pay in my pocket. Dae ye blame me for wantin tae gie you a night out? I don't know. When ye're in, ye want out, an' when ye're out ye want tae gae hame again.

KATE Mebbie ye shoulda mairrit somebody else.

WILLIE What's got intae you?

KATE Ye know I'm no very good at talkin tae folk.

WILLIE Ye're as good as onybody. We're as good as onybody.

KATE Just don't you get above your station, Willie Rough.

WILLIE Would ye stop criticisin me aa the time! I left the yard happy. I'm on holiday. I've got my pay in my pocket. I'm takin the wife an' the weans doun the watter the-morra. I wis as happy as Larry till I met you.

KATE Have you ever tried tae get throu the shops on Fair Friday?

WILLIE So that's it.

KATE What a crush! I havenae got hauf the things I need.

WILLIE Come on up hame, an' I'll gie ye a wee hauf afore we go out.

KATE I didnae mean it, Willie. I'm just exhausted. I could dae wi goin tae my bed.

They hear a tramcar approaching. They lift the bags and look at the approaching vehicle.

WILLIE We'll come hame early.

KATE Ye know what happens then?

WILLIE Ye werenae complainin last night.

KATE Oh, you!

The noise of the tramcar comes nearer and nearer.

32

5. THE JAMES WATT BAR: SEPTEMBER 1914

Patriotic posters are now displayed in the Public Bar – 'YOUR KING
& COUNTRY NEED YOU!' and 'WOMEN OF BRITAIN
SAY "GO!"' The bar is crowded. Many of the men are either drunk or
well on the way to it. EDDIE *is behind the bar, as usual. Across it from*
him is JAKE. *Round one of the tables* HUGHIE *has gathered his troops.*
All of them are singing. Amongst them are SAM *and* GEORDIE, *who have*
volunteered and are already wearing khaki uniforms. HUGHIE *and his*
mob are wearing spectacles of many different shapes and sizes, swapping
them with each other, and trying them on. WILLIE *and* PAT *are sitting*
together at the other table trying to ignore HUGHIE'S *gang.* WILLIE
himself has had too much to drink; he's in an aggressive mood.

HUGHIE *and his cronies sing at the top of their voices, each in their own*
key, of course.

HUGHIE [*with all his gang, singing*]:
Oh, Greenock's no a bonnie toun, you'll hear some folk complain
For when they go tae Greenock there is nothing else but rain;
Da da da da da da da da da da da da da DEEEE!
For I'm proud that I'm a branch of the *GREEN-OAK TREE!*

Here's tae the Green Oak that stands doun by the Square
Here's tae its tounsfolk a-slumbering there:
Here's tae its tounsfolk wherever they may be –
For I'm proud that I'm a branch of the *GREEN-OAK TREE!*

A triumphant cheer goes up from the singers as they reach the end of
their song.

SAM   Best of order there! Best of order!
GEORDIE   Aye. Best of order for Shughie!
HUGHIE   Boys. We know what we're here for the-night, an' it's no
joke. As an auld sodger that done his bit in the last wan, I'd just like
tae say that I'm proud tae be in the company of these brave young
fellas that are about tae do their bit in the defence o the Realm –

C   33

Geordie MacLeod an' Sammy Thomson [*cheers*]. . . . An' I'd just like tae add that the first blow in the battle against the Hun has been struck. It was struck the-night. An' we struck it, so we did! [*Prolonged cheers.*]

EDDIE   You'll no be sayin that when the Polis come.

HUGHIE   There might be a few German sympathisers in this toun, Eddie MacCausland, but not in the Force. Patriots! Patriots to a man! Now lads, while we're talkin serious, who's buyin the beer?

GEORDIE   My turn, lads.

HUGHIE   Same all round, Geordie. Same all round.

GEORDIE *goes over to the bar.* EDDIE *begins pouring out the large order of drinks.*

JAKE [*to* GEORDIE]   Where the fuck did ye get thae glasses?

GEORDIE   The spoils of war, Jake.

JAKE   Ye're no at the Front yet, Geordie, tell us where ye got them?

GEORDIE   How? Dae ye want a pair?

JAKE   There's nae use talkin tae you. You're paralytic.

GEORDIE   Here, take a pair. [*He gives* JAKE *some spectacles.*] Take two!

JAKE [*handing them back*]   I'm havin nothing tae dae wi it.

GEORDIE   Aye. Ye were kinda conspicuous by your absence. Hauf the toun was there, but I never seen you.

JAKE   What's that supposed tae mean?

GEORDIE   If the cap fits

JAKE   Ony mair o that, Geordie MacLeod, an' ye'll have two big keekers that ye'll no be able tae see out o wi ten pair o specs.

GEORDIE   Keep the heid, Jake. It's a free country.

JAKE   Mebbie – but no for long when we're dependin on the likes o you tae defend it!

GEORDIE   I take exception tae that remark!

JAKE   Ye can take fuckin Syrup o Figs, if ye like.

EDDIE   Easy, lads. Here ye are, Geordie, away over there, an' lea Jake alane.

GEORDIE   If I wisnae drunk

EDDIE   If ye werenae drunk, ye'd be flat on your back at Jake's feet, an' you know it. Nou, here's your drink. Take them over.

GEORDIE *pays for the drinks and carries them over to* HUGHIE *and the others.* HUGHIE *moves over to the bar.*

HUGHIE Wis Geordie giein ye a wee bit o trouble, Eddie? It's the blood-lust, I think. He cannae wait tae go.
EDDIE What side are you on, Hughie?
HUGHIE How dae ye mean?
EDDIE Well, afore the war broke out, ye were never done stickin up for Willie Rough over there.
HUGHIE Well the-night it suits me tae be patriotic. The-morn, we'll see.
EDDIE Look, tak aa yer cronies ben there tae the ither bar, will ye? I'm no wantin ony trouble if the Polis come.
HUGHIE Anything tae oblidge, Eddie.

HUGHIE *goes over and begins to herd his cronies through the door into the Family Department.*

HUGHIE Come on, boys, we're tae muve.
SAM How?
HUGHIE Eddie says it, that's how. Come on, Sam.
SAM I'm nice and comfortable sittin here.
EDDIE Next door, or outside!

SAM *rises, staggers to the door, and walks through.* HUGHIE *steadies him on his way, and is just about to go through himself.*

PAT Hughie!
HUGHIE What?
PAT Come 'ere, Willie an' me want tae talk tae ye.

HUGHIE *comes up to* WILLIE *and* PAT.

PAT [*to* HUGHIE] You want tae look at yoursel'.
HUGHIE If you were me, would you want tae look at yoursel'?
WILLIE Ye're steamboats.
HUGHIE Ye're no lookin sae sober yoursel', Willie.

35

WILLIE   That may be. But I'm ashamed, that's how *I'm* drunk. You're just drunk.

HUGHIE   I never need a reason tae be drunk, Willie.

PAT   Hughie, where did aa they glasses come frae? The haill pub's weirin them.

HUGHIE   We done Lizars.

JAKE   Ye what?

HUGHIE   Lizars. Ye ken the opticians in West Blackhall Street?

WILLIE   Aye.

HUGHIE   Well a big crowd o the lads, like. . . . Aye, a rare crowd, an' wee boys, tae. . . . we broke the windae an' climbed in an' wrecked the place. The only pairs o glesses 'at arenae broke are the wans ye see in here the-night.

PAT   But, what did ye dae it for?

HUGHIE   They're fuckin Germans! I mean. . . we just cannae tolerate German sympathisers in this toun. Case you don't know, there's a war on, Pat. We've got tae fight the enemy within.

WILLIE   So that's it. Christ, ye've nae sense, the haill lot o' ye. Wan minute they're signin on for the Army, an' the next they're paradin about Cathcart Square lik a shower o bloody clowns, an' nou ye're breakin shop windaes. Hav ye nae sense? Has the war demented the haill toun?

HUGHIE   I didnae start it, Willie.

WILLIE   Who did?

HUGHIE   I don't know.

WILLIE   Na. Naebody ever knows who starts the like o this. They're aa in at the finish, tho.

HUGHIE   I didnae think ye'd be sae het up about it, Willie.

WILLIE   Well, I am. Pat and me. We've been at meetins aa week. We're tryin tae get a rise in two months. Dae you know what twopence an hour means tae this toun? We're tryin tae pruve that we're no representin a bunch o loonies, an just when ye're gettin somewhere, they're out throwin bricks through windaes. This on tap o everything else.

HUGHIE   What else?

PAT   McLean was arrested at a rally in Glesga. The School Board hav bagged him nou.

HUGHIE   That's hard lines.

WILLIE   What dae *you* care?

HUGHIE   I care aa-right. I see that you care, an' I care about you, so I *care*. I can see that ye're no sae sober, either.

WILLIE   But Lizars isnae a German shop, even, is it?

PAT   Not at all. He's frae Stirling or somewhere.

HUGHIE   What dae ye mean, frae Stirling? Lizar. Lie Zar – frae Stirling, my arse! He's frae fuckin Berlin!

PAT   Ye mighta checked up afore ye done 'is shop.

HUGHIE   It's no a Greenock name, is it? Even I know that. Lie-Zar. Sounds foreign enough. He's a fuckin Gerry aa-right.

WILLIE   Ach away an' join your gang! It's a pity ye cannae drink specs, in't it?

HUGHIE   It is that, Willie.

PAT   What about the Polis?

HUGHIE   What about them?

PAT   Dae they no know about ye wreckin the shop?

HUGHIE   If ye ask me, I think they knew an' just let us enjoy wirsel's.

WILLIE   Oh, Pat, are we the only two sane men in this madhouse?

HUGHIE   Mebbie you're the loonies, boys. Hav ye thought about that?

HUGHIE *goes next door to join his friends. Cheers, within, followed intermittently by snatches of shouting and singing.*

PAT   I'd better get ye hame, Willie.

WILLIE   Wan for the road, Pat.

PAT   Are ye sure ye want wan?

WILLIE   A wee Bell's, Pat.

PAT   Right. [*He gets up and goes to the bar to get the drinks.*]

JAKE [*to no one in particular*]   So they done the opticians?

PAT   Two John Bell's, Eddie. Jake, what'll ye hav?

JAKE   Na, I'm fine.

EDDIE   I see Willie's well on. It's no usual for him.

PAT   I think he thinks he's been let doun.

EDDIE   How dae ye mean?

PAT   Well, he's that serious about everythin', ye know.

EDDIE   Aye, I know.

JAKE *moves over towards* WILLIE'S *table.*

37

PAT An' wi the negotiations about the rise goin on, an' aa the rest o't, he wants the men tae keep the slate clean, like.

JAKE [*at* WILLIE'S *table*] Hello, Willie.

WILLIE Sit doun, Jake. Dae ye think there's three o us?

JAKE What?

WILLIE 'At's no stupit?

PAT [*to* EDDIE] An' McLean's in the jyle.

EDDIE Aye. I've often heard Willie go on about 'im. 'War against the warmongers', an' aa that. If ye ask me, jyle's the best place for 'im.

PAT [*refusing to be involved in a conversation with* EDDIE] Naebody's asking you, Eddie. [*He puts down money for the drinks.*]

PAT *returns to* WILLIE'S *table with their drinks.*

JAKE How's the weans, Pat?

PAT No bad, Jake. No bad. But. . . the wee lassie's no daein sae good.

JAKE You've a couple o weans, dan't ye, Willie?

WILLIE Aye. A boy an' lassie.

JAKE That's nice.

WILLIE I havenae seen much o them lately.

JAKE Aye, ye've been kept busy.

WILLIE You any weans, Jake?

JAKE No. We had wan but it was still-born, the wife cannae hav any mair.

WILLIE Oh. . . . [*They drink.*] I always meant tae thank ye, Jake.

JAKE Thank me for what?

WILLIE You know what for. I bought a job off ye like everybody else.

JAKE Ye mean the graftin?

WILLIE Aye. What made ye stop?

JAKE Ye cannae depend on a couple o bob in a match-box aa your days.

WILLIE That's no aa I wis gettin at, Jake. I wis talkin about your attitude. Even although ye're a gaffer, ye're solid behind a hunner-per-cent union shop.

JAKE So'd anybody be that's wise.

PAT What brought ye roun?

JAKE I can read as well, ye know.

PAT Aye, I suppose ye can.

38

They drink. GEORDIE *comes in from the Family Department, and passes* WILLIE'S *table on his way to the bar to place his order.*

GEORDIE [*to* EDDIE]   Same again, Eddie.

EDDIE   Have ye no had enough?

GEORDIE   First time I've heard o a publican no wantin tae sell a man a drink.

EDDIE   Nou I didnae say that, did I?

EDDIE *pours out the drinks.* GEORDIE *waits.* WILLIE *rises, then moves over towards* GEORDIE.

WILLIE   Geordie MacLeod. I never thought ye could be sae stupit. Ye're stupit!

PAT   Willie, you're drunk.

WILLIE   Just look at yersel'. Tommy fuckin Atkins, Defender of the Realm!

GEORDIE   Just watch what yer sayin, Willie. I'll mangalate you.

WILLIE   Ye know what? I think that's what I want ye to dae. I want tae see stars, an' I wouldnae care if I never saw anither khaki jacket.

GEORDIE   Well, ye're goin the right wey about it.

EDDIE   Easy, boys. No fightin. Outside, if ye want tae hav a set-to!

GEORDIE   Don't worry yoursel', Eddie! He couldnae punch a hole in a wet paper.

WILLIE *is nearer to* GEORDIE *now, but less aggressive.*

WILLIE   Tell me wan thing, Geordie.

GEORDIE   What?

WILLIE   When I brought McLean doun here, an' he tellt ye the truth about this war, I looked at ye, an' your mouth was wide open. Ye were spellbound, bi-Christ, listenin tae that man. Ye believed 'im. I know ye believed 'im. An' then Willie Gallacher cam doun frae the Albion. Ye were there that night as well. He tellt ye, an' McLean tellt ye, an' at wan meetin after another I've tellt ye mysel', an' here ye are like a whippet strainin at the leash. Over the top! Tell me where we went wrong, Geordie, 'cause I've got tae know. Honest, I've got tae know!

GEORDIE   Mebbie I got fed up wi your Red Flags an' songs an' aa that

39

shite. You can stay here an' sing the 'Internationale', an' the 'Red Flag', tae, but when ye're daein it, remember that me an folk like me are fightin for ye. Ye cannae be serious tae think that I'd miss the chance o goin tae the front. Ye'll change your mind, but by that time it'll be all over.

WILLIE   Would ye believe me, Geordie, if I tellt ye I hope it will?

GEORDIE   Just answer me this, Willie Rough.

WILLIE   What?

GEORDIE   Supposin somebody attacks me wi a big stick on the way hame the-night.

WILLIE   What?

GEORDIE   Just supposin that happened. Would I be justified in usin a big stick tae defend mysel'?

WILLIE   Aye.

GEORDIE   Well, then?

WILLIE   Well, what?

GEORDIE   That's the war, in't it, an' the British Army's the big stick against the Germans?

WILLIE   I don't know who you've been talkin tae the-day, but that's kinna fancy for the like o you.

GEORDIE   I asked ye the question, an' you answered it.

WILLIE   Look, Geordie. If somebody attacks ye on the road hame the-night I've nae objection tae you usin a big stick – two, if ye can handle the baith o them. An' if Bethmann Hollweg uses a big stick tae attack Sir Edward Grey, I cannae complain if Sir Edward Grey uses a big stick back tae Bethmann Hollweg, but there's wan thing I'm fuckin sure o, an' that is that I'm no gonna be the big stick, an' I've done aa I can tae stop the workin class bein used as the big stick. You're in the wrong fight, Geordie. Sure I want ye tae win. If ye want bands playin, we'll hav bands playin, but the victory shouldnae be for the Imperialist Allies. It should be *your* victory. I'm talkin about Geordie MacLeod, the hauder-on, no Private MacLeod, G.!

GEORDIE   I'm no kiddin ye, Willie. Any mair o that talk, an' they'll be lockin ye up for treason.

WILLIE   You'll be in beside me for breakin an' enterin if ye don't tak these stupit glesses aff!

GEORDIE   Can I tak my drinks, Eddie? Next door they'll be thinkin it's a dry area.

40

EDDIE Here ye are.

GEORDIE *takes the drinks through to the Family Department.* WILLIE *sits down beside* JAKE *and* PAT.

JAKE What, wis aa that about?
PAT I'm gonna get you hame.
WILLIE I've just thought o something.
PAT What?
WILLIE I might never see Geordie MacLeod again.
JAKE Christ, you're cheery!

Two policemen, SANNY *and* PETER, *come in. They walk to the bar.* HUGHIE *steps out of the Family Department, still wearing his stolen spectacles: but, seeing the policemen, he pops back into the Family Department very, very quickly.*

HUGHIE [*off*] Act normal.
VOICES [*off*] It's the Polis. . . . Shut up. . . . They'll no know we're here if ye haud your wheest. . . .
SANNY [*a Highlander, to* EDDIE] Where's Hughie?
EDDIE What's he done?
PETER He was seen at Lizars the-night. Hauf the toun done the shop.
EDDIE Hughie's no hauf the toun.
PETER Mebbie no, but his wan leg wis recognised.
EDDIE Aye. It would be, wouldn'it?
SANNY Is 'e been in or no?
EDDIE 'E'll no get time or anything, will 'e?
SANNY Not at all. We'll let 'im out in the mornin.
PETER It'll soon blow over. We're just goin throu the motions.
EDDIE I wisnae sure whether Lizarrs were Germans or no.
SANNY Well, they're no frae Port Glasgow. I'll tell ye that for nothing.
PETER They must be Germans.
JAKE How dae ye make that out?
SANNY Well, they wouldnae hav done the shop if they werenae, would they?

EDDIE Good thinkin, Sanny. They're next door. Quiet as ye can, boys.

SANNY *and* PETER *both go to the door of the Family Department.* SANNY *opens the door.*

SANNY Come on Hughie. Nou dinnae gie us ony bother, lads.

HUGHIE *comes back into the Public Bar, followed by all the others.*

HUGHIE What's the trouble, eh, constable?
SANNY Where did ye get thae specs?
HUGHIE Timothy White's.
SANNY Aye, that'll be right.
HUGHIE I sweir tae God.
SANNY Dae ye ey wear the two pair?
HUGHIE Aye. The odd time. If I'm readin an' lookin a long distance ower the tap o the paper at the same time.
PETER Ye're never stuck, are ye, Hughie?
HUGHIE Where's the hauncuffs?
SANNY We've ran out o hauncuffs. Hauf the toun's in the jyle.
HUGHIE That's fine, then. We'll no be stuck for company. Can we hav a cairry-out, Eddie, tae drink in the jyle?
PETER Na, ye cannae! Come on, youz!

SANNY *and* PETER *lead the criminals out. At the door* PETER *turns.*

PETER Eddie. . .
EDDIE What?
PETER You should be shut.
EDDIE Aye. I'm just going for the gates for the windaes nou. Somebody might get the idea that the MacCauslands are frae Munich!
PETER Right. Goodnight, well.
EDDIE 'Night, Sanny.

PETER *goes out.*

EDDIE [*to the three still at the table*] Did ye no hear 'im? Time up, boys.

42

PAT [*to* WILLIE]   Come on. I've got tae get you hame.
WILLIE   I'll be O.K.
JAKE   Come on Pat. I'll get ye up the road.
PAT   I'm waitin for Willie.
WILLIE [*aggressively*]   I'm O.K., I tellt ye!
PAT   Aa-right. Don't bite my heid aff.
EDDIE   It's O.K., Pat. I'll get 'im up the road.
PAT   Fine. Thanks, Eddie. See ye in the mornin, Willie.
JAKE   On time, or ye're quartered.

> PAT *and* JAKE *go out into the street.*

EDDIE   I'll just pit the gates on, an' we'll be on our way.

EDDIE *goes out behind the counter to get the gate for the window.* WILLIE *rises, staggering slightly. One of the posters decorating the bar catches his eye. He goes nearer to it, stares at it.*

WILLIE [*reciting*] Your King and Country need ye,
Ye hardy sons of toil:
But will your King and Country need ye,
When they're sharin out the spoil?

6. PAT'S HOUSE: OCTOBER 1914

PAT *and* BERNADETTE, *his wife, are kneeling together near a child's coffin which has been placed on the kitchen table.*

PAT   Our Father, Who art in Heaven, hallowed be Thy name. Thy Kingdom come. Thy will be done, on earth as it is in Heaven.
BOTH   Give us this day our daily bread, and forgive us our trespasses, as we forgive them that trespass against us. Lead us not into temptation, but deliver us from evil. . . Amen.
PAT   Hail Mary, full of grace, the Lord is with thee. Blessed art thou among women, and blessed is the fruit of thy womb, Jesus.
BOTH   Holy Mary, Mother of God, pray for us sinners, now and at the hour of our death. . . Amen. [*They go on until they have said the* Hail Mary *ten times.*]

43

BOTH   Glory be to the Father [WILLIE *comes in, dressed in his working clothes, but wearing a black tie, and stands quietly, cap in hand, until their prayer is over*], and to the Son, and to the Holy Ghost, as it was in the beginning, is now, and ever shall be. . . Amen.

WILLIE *raises his head and waits.* PAT *rises. They look at* BERNA-DETTE. . . .

PAT   Bernadette. . . .

BERNADETTE   Thanks for comin, Willie.

WILLIE   Your mother wants tae see ye in the room.

BERNADETTE   I don't want tae go ben there just yet, I'll just start greetin again.

PAT   It's time ye went, hen. The men are here for her.

WILLIE   Aye. Ye'd be best tae go.

BERNADETTE   I wish I could go tae the graveside.

PAT   No. It would only upset ye aa the mair. I'll see the wee yin up the road.

WILLIE   Pat's right, Mrs Gatens. [*She goes out.* PAT'S *hand is on the coffin.*] Greet, if ye want tae, Pat. There's naebody but me tae hear ye.

PAT   Greetin's for weemin an' weans.

WILLIE *turns to go.*

PAT   Don't go, Willie. As sure as God they'll never get me out o' here if you go. I'll staun here thinkin o what she might hae grown tae. I never really thought o her as a wean. It's a fact. We had Anthony first, then Patrick an' Michael. Aa boys. I woulda done onything for thae boys, but Bernadette she wanted a wee lassie. When Teresa came it wis like a blessin, Willie. She wis a wee smasher. She's only two year auld, but I kept thinkin o her up. Ye know what I mean? Filled out an' 'at. Quite the young lady, ye know, breakin everybody's heart frae Kilmacolm tae Gourock. I kept wonderin if I'd be able tae talk tae her then. I wisnae carin if folk said I spoiled her. I woulda gien her the skin aff my back, Willie, so I would. Every faither's got a favourite. I'm sure ye have yoursel'. . . . When she was a wean, she had a wee convulsion or two just after Bernadette brought her back frae the Maternity. It was that bad we couldnae sleep for worry a couple o nights. I thought then she might no live, it was that bad. But we did what Nurse Lonie said, an' she came on fine. But what can ye dae about the scarlet fever, Willie? We're no even gien the chance. I'd chynge places wi her if I could, Willie. Honest. We're a good family. We go tae eight-o'clock Mass every Sunday. An' it's no just 'cause it's my duty tae go an' tae mak the weans go. I *believe* in going. Ye see some folk. . . they're in an' out o the jyle. We've met them oursel's, Willie. We see them marchin about the toun in khaki uniforms as if that made them intae saints. We're no saints, either, Willie, but you an' me, we've tried our best tae be decent folk. I've never sided wi a Catholic against you, Willie, an' you've never waved an Orange banner in my face, either. We're no Hibs or Masons, are we?

WILLIE No.

PAT Ye believe in God an' ye tell your weans tae believe in something as well an' then that scarlet fever comes. . . [*He almost breaks down.*] Can He no pick on somebody else? We'll remember this year aa-right, Willie.

WILLIE There's a lot o families lost somebody.

PAT Aye. Ye know I forgot aa about everythin'. The only thing I believed in was our Teresa, an' she was away. Ye cannae think o onybody else sufferin as much as you dae. Just think if I'd stayed at the drillin an' joined up. I wouldnae be here. Can ye imagine gettin a note in a week or a fortnight mebbie tellin ye ye havenae got a wee lassie ony mair?

WILLIE Aye. Geordie MacLeod's wife got a note yesterday forenoon.

PAT Aye. Ye tellt us: 'Missing, believed killed in action'.

WILLIE Aye.

PAT I never had much time for him. Ach, he wisnae a bad fella, Geordie. I cannae see ony end tae't.

WILLIE They think they'll be hame for the New Year.

PAT What year, but? . . .

WILLIE Are ye ready nou, Pat?

PAT Aye. Ready as I'll ever be.

PAT *lifts the coffin and carries it out.*

45

7. THE HILLS ABOVE GREENOCK: DECEMBER 1914

WILLIE, JAKE, *and* PAT *are walking together.* WILLIE *is carrying a small leather case.* JAKE *has a* WHIPPET *on a leash. They stop and look down from the hillside to the town and the river beyond.*

WILLIE Look at it! Spellbindin. Ye'd never think Greenock could look sae fine.

JAKE Aye. It's aa-right frae up here. It's no sae fine when ye're stuck in the rain in the middle o't.

PAT What the hell are yez talkin about? I'm freezin. Who ever heard o goin a walk up the hill in December?

JAKE Willie wanted tae see me. Ye cannae keep a whippet shut up in a kennel.

WILLIE We'll no be a minute, Pat. I've got tae explain tae Jake what's goin on.

PAT I can go hame, then.

WILLIE Och, haud your tongue an' sit doun, Pat.

PAT Sit doun! I'll get a chill in my arse if I sit doun.

WILLIE *sits down.* JAKE *and* PAT *crouch near him. The* WHIPPET *strains at the leash.* JAKE *strokes its long nose.*

JAKE What's on your mind, Willie?

WILLIE It's the negotiatin committee, Jake. I know your collar an' tie's kept ye out o the Union, but your attitude's always been sympathetic. . . .

JAKE No always

WILLIE Ye know what I mean. I thought ye might be able tae help us.

JAKE Willie, I'm in a funny position. It's none o my business. Neither the Union nor your negotiatin committee. Christ, if any o the high heid-yins saw me even talkin tae you two, I'd get the fuckin bag!

WILLIE I havenae slept for a week, Jake. That's honest. It's got tae be twopence an hour or nothin'. I know that. But I'm feart I'm gonna let the men doun.

PAT Ther' mair nor you on that committee. Govan, Clydebank. Every yaird an' factory on the Clyde's represented. . . .

JAKE Pat's right, Willie. Ye cannae blame yoursel' for the whole shootin-match.

WILLIE Sure I can. The rest are like corn on the wind.

JAKE Well, if they're aa sae glaikit, it should be nae bother tae get a haud o them by the scruff o the neck an' tell them tae sit on their arses till the employers up their offer tae twopence an hour. Ye don't need me tae tell ye that. I'm away tae run my dug. [*He rises and moves away with the dog.*] . . .

WILLIE I hoped you could gie me some information.

JAKE How dae ye mean?

WILLIE We went tae this meetin up in Glesga. Sit doun, Jake. [JAKE *crouches beside* PAT.] We tellt the employers. Twopence an hour. Basic rate increase o twopence an hour. That's from thirty-six tae forty-five bob for the fifty-four-hour week. Clear. Right?

JAKE Aye. Then *they* tellt ye they were skint.

WILLIE That's right. They pleaded poverty an offered us a hapenny.

JAKE I hope ye told them where tae pit it.

WILLIE They knew we would. They didnae come up the Clyde in a banana-boat. They came tae the meetin tae go as far as three farthins, so they offered us that. We said, 'Ye're not on,' an' they chucked it.

JAKE An' that's where ye are? Three farthins an hour increase. It's nothin' tae dae wi me, but ye musta spent mair than that on train-fares.

PAT It's better than nothin'.

WILLIE What would ye say tae a penny an hour, Pat?

PAT A penny would make a difference. I can see the men settlin for that.

WILLIE There ye are! Oh, the big bugs know all about you. They can read ye lik a book, Pat. That's what they want. Can ye no see? Even at the committee meetin the other day. . . a committee member, bi-Christ. . . chief o the 'Brassies'. . . 'A penny, an' we'll settle'. . . he kept sayin it over an' over. . . 'A penny, an' we'll settle'. . . I thought he might end up singin it. . . playin right intae their haunds. . . as bad as you, Pat. . . tryin tae force the Engineers tae settle for hauf.

JAKE Haud on. Haud on, Willie. What have the Engineers got tae dae wi this?

WILLIE I'll start frae the beginnin.

JAKE I wish ye would.

WILLIE Two separate negotiatin committees, right? The A.S.E., representin the Engineers. An' the Allied Trades, that's us. Both aifter the same thing. Twopence an hour. Right?

JAKE   With ye.

WILLIE   We, the Allied Trades, go in. They offer a hapenny. We tell them tae stuff it. Three farthins. Still stuff it. Then, in a roundabout way at the negotiations, they let us know that they'll go tae a penny, unofficially, like, knowin the bulk o our members'll lap it up an' settle.

JAKE   But what's your point?

WILLIE   They're usin us, Jake. They're usin us tae get the Engineers tae settle. The smaller unions, like us, are bein used to betray their fellow workers. If somethin's no done fast, they'll offer the penny, official, our committee will accept it, and the Engineers'll have tae settle, tae. That's what I wanted tae see ye about, Jake.

JAKE   What dae ye want? Time aff?

WILLIE   No. You know folk, Jake. Find me an Engineer that's on the A.S.E. negotiatin committee. Let me talk tae'm, an' mebbie between us we can organise a united front tae tell the employers tae stick the penny up their arse before they've got the cheek tae offer it tae us.

JAKE   Ye'll get me hung, Willie. Christ, I wish they'd conscript ye, an' get ye tae hell away frae here.

WILLIE   They might, ye never know.

JAKE   I'm bloody sure they win't. They don't want a bloody mutiny on their hauns. [*They laugh.*] . . . I think I know a bloke. Works in Browns. Mebbie no. Might be Fairfields. Up the river.

PAT   Well, if 'at's the meetin over, I'm goin doun hame. I'm freezin. [*He moves away.* WILLIE *stands beside* JAKE.]. . .

WILLIE   What's this bloke frae Glesga like?

JAKE   You should get on well. He done time for throwin shite at some Councillor up there a coupla years back.

PAT   Oh, Christ, they'll baith hav bombs in their pockets at the next meetin.

JAKE   But what if Charlie agrees wi ye? His name's Charlie McGrath. He's only wan.

WILLIE   As long as he's the right wan. Thae meetins are beyond description. Wan o the managin directors giein ye a wee talk about patriotism, an' how we should grist tae the mill, an' shouther tae the wheel, an' roll wir sleeves up, an' set a stout heart tae a stey brae, an' tripe lik that. It's aa lies. He wis near greetin when he described 'the

48

plight of our glorious brothers in foreign fields'. The tears wis formin in his eyes. He made this speech. . . well, it wis mair liker a hymn. . . real tears. . . I couldnae believe it. The auld hypocrite. I tellt him tae join up. He chynged his tune aifter that. Sat like a dummy for the rest o the day.

JAKE So it looks like ye'll be a wee while gettin the twopence, Willie?

WILLIE It's a rotten prospect, Jake, but I think it'll take nothing short of strike action.

JAKE Ever been out on strike, son?

WILLIE No.

JAKE Well, don't be in a hurry tae see what it's like. It would be aa-right tae start wi. I suppose. It's a kind o bravery for civilians. Aa thae folk 'at havenae gone tae the Front. . . there's some 'at think we're mebbie a wee bit feart. . . so ye down tools an' show what ye're made o, a wee bit. Me an' the ither hats'll go tae work. . . we'll drink tea an' dae nothin'. . . no 'at that'll be much o a chynge for us. . . but we'll look about us an' see it. . . the deserted shipyaird. . . lik a grave-yaird full o bogie-men, an' the big cranns lookin doun on us lik vultures. An' the boats'll no chynge that wee bit week-bi-week, like they dae when ye're workin. . . just stay the same. . . waitin for ye tae come back tae finish them aff. An' aa you. . . you'll be staunin on street corners. . . the money ye've pit by'll soon be done, so you'll no be in the pub. Ye'll be nae better 'an the man 'at cannae get a job, or disnae want a job, or had wan an' got the bag! You must look after the boys, Willie. Don't pit this toun intae that situation.

WILLIE It would be mair than just this toun. It would be right up that river doun there.

JAKE Christ!

WILLIE Oh, I meant tae tell ye. Comin back frae the meetin I passed Greenlaw Goods Station. Know what I saw?

PAT Na. What?

WILLIE Two big guns ready tae be cairted aff tae the Front. Huge bloody things they were.

PAT What's wrang wi that?

WILLIE They've been sittin there for six weeks. The bosses are no gonna muve them till the Government pays higher transportation fees.

JAKE 'S 'at a fact?

WILLIE Them an' their 'boys in the trenches'! Ye know what else?

D   49

They're sendin war materials tae neutral countries at ridiculous profits knowin full well that the stuff's eventually being sold to the Germans tae blaw the boys tae fuck *out* o the trenches!

JAKE I wouldnae trust any o them as far as I could shite, so I wouldnae.

PAT They're bastarts, so they are. Hey, I'm cauld.

JAKE Aye. It's time we were muvin. I cam up here tae run the dug, no tae listen tae propaganda aa night. [PAT *strokes the* WHIPPET.]. . . Don't pet him, Pat. He'll never win a race if ye dae that.

PAT Oh, I see. Dae ye chase hares, like?

JAKE Aye.

PAT Ever catch anythin'?

JAKE Aye. Fuckin pneumonia. [*He walks the* WHIPPET *a few steps away from them. He talks to the dog, whistles, then shouts as he slips it from the leash. The* WHIPPET *runs off.* WILLIE *and* PAT *have moved over, fascinated by* JAKE'S *handling of the* WHIPPET.] . . . Go, Teemo! [*He whistles.*]. . .

PAT Seems fast enough tae me.

JAKE I swear to Christ – some day I'll take that dug out for a walk and run away frae it! [*They are still watching the dog's journey.*]

WILLIE Thanks, Jake.

JAKE Aye. I'll pit ye in touch wi Charlie McGrath. All right?

WILLIE Sooner the better.

JAKE He's your man, aa-right. . . . Oh, that bloody idiot dug. He's lost, bi-Christ! It's aa-right. Your daddy's comin. . . . [*He goes off after his dog.* WILLIE *goes down to look at the view once again.*]

WILLIE Would ye look at that view?

PAT I've seen it afore. Come on. My teeth are chitterin.

WILLIE It musta been great here afore the cranns came, and all this mechanisation. Can you imagine haein a wee farm up here? Away from everybody. Every time ye ploughed your field, an' that, ye could come over here for a wee rest an' just look doun at the river frae the Tail o the Bank tae the Holy Loch. Great times. Mebbie. Mebbie no. Even smells different up here. And it's quiet.

PAT You're a romancer, Willie. Come on tae fuck!

They both go.

8. THE JAMES WATT BAR: FEBRUARY 1915

HUGHIE *and* EDDIE *have the place all to themselves. It's before lunch-time.*

HUGHIE   Dae ye ken hou mony that is?

EDDIE   Aye. Ye tellt us. It's twenty thousan.

HUGHIE   Sure it is. But, I mean, can ye *see* twenty thousan?

EDDIE   How dae ye mean?

HUGHIE   Well, ye dinnae get what it's like frae the report wance the War Office is throu wi't. Ye dinnae get the smell, for wan thing.

EDDIE   There's nae point upsettin folk ony mair than ye need, is there?

HUGHIE   Mebbie no. Gie's a Bell's, Eddie. On the slate.

EDDIE   I'm gonna get a clock in here. I'll tak the hauns aff an' I'll write on a bit o paper across its face: '*NO TICK*'.

HUGHIE   But, in the meantime, Eddie, . . .

EDDIE   Ye said ye'd pey me at the New Year.

HUGHIE   I didnae say what wan, but. Come on, Eddie. Are ye?

EDDIE *pours out the drink*, HUGHIE *comes over to the bar to get it.*

HUGHIE   Here's continuin prosperity tae ye, Eddie, in 1915. Aa-ra best!

EDDIE   Ye're a bit late.

HUGHIE   Flies in, din't it? It's Feb'ry aaready. [*He drinks*]. . . .

EDDIE   Did ye hear about wee Danny Blair frae East Crawford Street? Nice lad.

HUGHIE   Aye. I mean, ye cannae help likin a bloke wi a po-stumous decoration.

EDDIE   V.C.

HUGHIE   Aff 'is heid.

EDDIE   How?

HUGHIE   The two men he went out tae save's aa-right. Wee Danny's deid, bi-fuck. Valour! Out o-ra question. Look at me. I've only got wan leg, an' I wis a coward. We had a hera in our squad an aa. He's deid, tae.

EDDIE   There are some things worth deein for, Hughie.

HUGHIE   What? You tell me.

EDDIE Your country right or wrong.

HUGHIE You're aff your heid, as well!

EDDIE You werenae sayin that the night before they went away. I remember it well. Ye were staunin there talkin like wan o thae posters on the waa.

HUGHIE I say mair nor my prayers, Eddie. Ye don't honestly think I believe any o it? I don't mean I'm a pro-German or anything, ye know? I mean, I'm on the right side, but I know. I've seen them. If ye gied hauf o them a gun in peace-time, they'd be locked up in the loony-bin for runnin amok, bi-Christ.

EDDIE Where is everybody?

HUGHIE Yaird gates. Big Union meetin.

EDDIE Again?

HUGHIE Aye. The Engineers have lowered themsel's tae talk tae the Allied Trades. Motion o solidadarity. Twopence an hour or nothing.

EDDIE They'll settle for a penny. Bet ye anything.

HUGHIE Of course they will. Willie Rough's dementit. He cannae win.

EDDIE Nae chance.

HUGHIE They'll be after him soon. Mark my words, Edward.

EDDIE Who will?

HUGHIE The Press Gang. Listen tae me. Twenty thousan men deid or missin. Have ye got that?

EDDIE Eh?

HUGHIE Morton's playin the Rangers at Cappielow, right? Capacity crowd. Ye cannae breathe for Rangers supporters. Nou, imagine every single wan o' thae men at that game. Twenty thousan. Imagine the whole fuckin lot o them blown right out o Sinclair Street intae the Clyde. Weans orphaned. Wives weidowed. Can ye imagine the size o the funeral? But there's nae big funeral. Wee Danny's mammy'll get the medal. The'll be naething left o him. Bits. Even if 'is watch escaped unhurt, as it were, somebody's snaffled 'at!

EDDIE Screw the bobbin, Hughie. Ye cannae take a man's glory away.

HUGHIE Neither ye can, considering he only got it throu the post this mornin an' him deid.

EDDIE They thought they'd be hame for the New Year.

HUGHIE Propaganda. Pure an' simple. I'll gie ye the answer in one dreaded word. Conscription.

EDDIE It's no as bad as that, is it?

52

HUGHIE   Dae ye think anither twenty thousan are itchin tae volunteer?
Not at all. This time, it's you, you, an' you.

EDDIE   Mebbie ye're right. To tell ye the truth, Hughie, I havenae lost
wan regular since yon night ye done Lizars.

HUGHIE   In this toun there's folk that's stupit, but there's mair folk
that's no sae stupit. Am I right or am I wrong?

EDDIE   Ye're right.

HUGHIE   Ye want a message?

EDDIE   No. Ye want a drink?

HUGHIE   Aye. I've got money comin tae me.

EDDIE   How do you live, Hughie?

HUGHIE   I go messages for you.

EDDIE   Money, I'm talkin about.

HUGHIE   Anybody in by?

EDDIE   No.

HUGHIE   Ye'll no tell onybody?

EDDIE   What dae ye take me for, a clype?

HUGHIE   It's the *Telly*. Wan o the reporters is giein me a wee back-
hander.

EDDIE   What for?

HUGHIE   I gie 'im the odd tip about the situation ower by.

EDDIE   Does Willie know?

HUGHIE   What dae you think?

EDDIE   I think he disnae.

HUGHIE   You'd be right. Listen tae me. . .

CHARLIE *comes in. He's about thirty, dressed in quite a smart suit and
a cap. He has just come down from Glasgow.*

CHARLIE   Excuse me. Have ye seen Willie Rough?

HUGHIE   Yaird gates. Big meetin.

CHARLIE   He tellt me he'd be here.

HUGHIE   He'll no be long. I'm Hughie. This is Eddie.

CHARLIE   Charlie McGrath. I'm a frien o Willie's frae Glesga.

EDDIE [*serving*]   Yes?

CHARLIE   Have ye got lemonade?

EDDIE   Aye.

HUGHIE   He's got whisky an' aa.

CHARLIE   I don't drink.

HUGHIE   How? Was ye an alcoholic or something?

EDDIE   Lea' the fella alane, Hughie. [*He pours out some lemonade for* CHARLIE.]

HUGHIE   There's nae accountin for taste.

CHARLIE [*to* HUGHIE]   You have another, Hughie?

HUGHIE   That's very kind o ye, Charlie. I'll hav a gless an' a pint.

EDDIE *pours out another drink.*

CHARLIE   I don't know whether tae go over tae the yard or no.

HUGHIE   You look a bit agitaitit.

CHARLIE   I've got news for Willie. They've downed tools at Weirs o Cathcart. By the end o this week every man on the Clyde'll be out on strike.

EDDIE   Well, don't look sae cheery about it.

HUGHIE   If it's no a war, it's a strike. Is there naething cheery happenin at aa?

EDDIE   Disnae seem like it.

HUGHIE   There's nae point Weirs comin out about the rise. Negotiations havenae broken doun or onything, hav they?

CHARLIE   It's not the rise this time. Shortage of labour.

HUGHIE   Well?

CHARLIE   They've brought engineers over frae America.

HUGHIE   What's wrang wi that? They're no darkies or onything, are they?

CHARLIE   No, they're not, if ye must know. Anyway, they brought in thae Yanks. Skilled men all right, but what dae they do?

HUGHIE   What?

CHARLIE   Return tickets. Ten shillins a week more than our own men, an' a guaranteed ten-poun bonus at the end o six months. They've really done it this time. They're skilled men, but they don't know wan end o a discharge-pump frae the other. Willie Rough an' me. We knew they'd make their mistake. We waited. Here it is. Weirs o Cathcart – the bosses themsel's are gonna be instrumental in gettin twopence an hour frae Glesga tae the Tail o the Bank!

EDDIE   When, but?

HUGHIE   Aye. That's pit your gas in a peep!

CHARLIE   Not at all. Don't you believe it. I've lived for this morning. Can ye no see? War or nae war, this'll show that the unions'll survive. The working man's been the goods an chattels of the employer class for far too long. We're in nae state tae think or feel or even live as human beings. A day like this is to exploit our hatred and kindle it intae rebellion. The day we tell them we're united. The-morra, we frighten them tae death. They can stick the Defence o the Realm Act. From now on they'll have to reckon wi us as a fighting organ of the working classes!

HUGHIE   The Band o Hope, bi-Christ!

WILLIE *comes in with* PAT *and two other workers.*

CHARLIE   Willie

WILLIE   I thought it was you

CHARLIE   Have ye heard about Weirs?

WILLIE   Aye. I heard.

CHARLIE   Well. . . are ye out? Are ye on strike?

WILLIE   Aye.

WILLIE *and* PAT *move over to their table.* CHARLIE *follows.*

CHARLIE   We knew wan o they Toffs would dae somethin' daft, didn't we? A Bell's, Willie?

WILLIE   Aye, thanks.

CHARLIE   Pat, you do the needful.

CHARLIE *gives* PAT *some money.* PAT *goes over to the bar.*

PAT   Glass o lemonade an two Bell's, Eddie.

HUGHIE   Eh. Three Bell's. Fairly lashin out, that yin. Mair like a christenin nor a strike.

PAT   Wait tae I tell Bernadette.

HUGHIE   Nae alternative, tho.

PAT   Still, wait tae I tell Bernadette.

CHARLIE   It's good news, Willie.

WILLIE   Listen tae me, Charlie McGrath. I've just pit eight hunner men on the street, an' afore the day's out there'll be thousans, an' I don't think that's very good news, so I don't!

CHARLIE But it's the mistake. The clowns have done it. They know where to stick their penny an hour. It's twopence or nothin'.

WILLIE I wish I wis like you, Charlie. I dae sometimes. Honest. Ye're like that crann over there. Just like steel. Ye don't get that wee tightness in your stomach as if ye were gaunna spew your ring up. Aa mornin, when you've been thinkin about organisation, I've been thinkin about next week or the week aifter, when the excitement wears a bit thin, an' they're dyin tae get back across that street tae make the price o a hauf or a loaf or three eggs. Ye cannae live on the win'.

CHARLIE I thought ye'd be glad, that's aa.

WILLIE Glad? Ye've nae feelings at all, have ye?

HUGHIE *lifts his crutch and moves to the door.*

EDDIE Ye goin tae *your* work nou, Hughie?

HUGHIE You shut it. Cheerio, lads. Ye'll be back on Monday wi the increase aa sewn up.

PAT I hope tae Christ we are!

HUGHIE *goes out.*

JAKE *comes in and goes to the bar.*

EDDIE Hello, Jake. Ye'll be gey lonely over the road this aifternoon.

JAKE Mebbie I'll be able tae teach that dug o mine how tae win a race.

EDDIE Aye. Ye cannae be a gaffer if ye havenae got a squad.

PAT I don't know what I'll dae. Bernadette'll soon want me out o the road. There's aye the picketin, I suppose.

JAKE *sees* CHARLIE.

JAKE Charlie. Long time.

CHARLIE Dae ye want a drink, Jake?

JAKE Dae ye no think we better buy wir ain?

ACT TWO

9. A STREET: FEBRUARY 1915

KATE *and* BERNADETTE *meet. Both are wearing scarves round their heads. Each carries a shopping-bag, but neither has made many purchases.* KATE *is visibly pregnant.*

KATE Hello.

BERNADETTE Hello, Katie It's that close.

KATE We're due rain, I'm thinkin.

BERNADETTE Aye. When are ye due?

KATE April.

BERNADETTE Oh. No be long now.

KATE The men'll be back by then, surely.

BERNADETTE Och, sure it's terrible. Pat comes hame an' says 'We're out. Solid!' Pleased wi 'imsel', like, and I says, 'Who's gonna feed us?' an' he says, 'There's mair important things than your belly,' an' I says, 'What? What's mair important,' an' he goes on about infiltration an' agitation an' God knows what aa else, an' I says, 'Agitation'll no feed ye, nor four weans, neither,' an' he says, 'Be quiet,' an' I says, 'Na,' an' wan thing led tae anither, an' I got a skyelp on the face.

KATE Oh.

BERNADETTE We made it up again, tho. Your Willie must be worse. I mean, he's in charge, so 'e is, an' you expectin an everything. How are you managin?

KATE We manage.

BERNADETTE Ye just hav tae.

KATE Aye. That's about it. Willie says he'd live on tatty-peelins tae get 'is rights.

BERNADETTE Pat's just as determined. An' there's nae sign o' it endin?

57

KATE   Willie never talks tae me about it.

BERNADETTE   I thought he would. I mean. . . he must hav a lot on's mind.

KATE   Aye, but he's deep, my Willie. He keeps maist o't tae 'imsel'.

BERNADETTE   I wouldnae let Pat keep any secrets frae me.

KATE   I don't bother. The Union's the men's business. If they got the rise, it would be worth it.

BERNADETTE   Is your rent up?

KATE   Aye. I got a letter frae the factor this mornin.

BERNADETTE   So's ours. I went tae see wan o the Labour men on the Council. He tellt me no tae pay it.

KATE   Did 'e?

BERNADETTE   Aye. It seems there's a big protest goin on. It wis startit by a wumman up in Glesga. I've got a poster. Wait tae ye see. [*She takes the poster from her bag.*]. . . Haud that end.

KATE *takes one end of the poster, and they spread it out between them. It reads* '*DO NOT PAY INCREASED RENT*'.

BERNADETTE   Do. . . not. . . pay. . . increased. . . rent. . . . There ye are.

KATE   Do ye think it's aa-right?

BERNADETTE   Aa-right or no, I'm no giein them ony mair. Two shillins! Where dae they think we get it, Katie? The men might as well be idle. The strike amounts tae the same thing. Nothin' a week!

KATE   We cannae afford it. If the men get the rise, mebbie. It'll be different then.

BERNADETTE   It's never ony different. Ye'll get a shillin a week extra on the mantelpiece on a Friday, an' by the weekend breid's gone up twopence, sugar's up a penny, an' there's anither penny on a pot o jam an' cookin-fat. Afore ye can draw breath, the car-fare's up a hapenny. Then you're in the toun an' back, in an' back, that's a penny a day, an' ye're right back where ye started. Skint. An' you know what happens next?

KATE   The rent?

BERNADETTE   Na. The men's out again. Lockout. Strike. Arbitration. Negotiations. Meetins, meetins, an' mair meetins. They're no wise.

58

KATE Ye don't think they like bein on strike, dae ye?

BERNADETTE I wouldnae pit it past them. My Patrick got 'is photo in the *Telegraph* the other day, an' in ablow't 'is name. . . . He says, 'Look, Bernadette! – Patrick Gatens!' He's still got it in his wallet. He cut it out an' kept it.

KATE I wis gonna keep some o the things they said about Willie in a wee book, but he wouldnae let us.

BERNADETTE How no?

KATE He says the papers is, what d'ye cry it? . . . biased against the men.

BERNADETTE Oh, I cannae mind what they said about Pat. I just saw 'is name, like.

KATE [*suddenly looking ahead*] Oh. Is 'at the time? I've got tae go an' see Nurse Lonie.

BERNADETTE She's 'at nice, isn't she?

KATE Aye.

BERNADETTE She's been in Greenock for years, ye know. I'm sure she'll be the midwife when our weans' weans is born.

KATE So it's aa-right about the rent, ye think?

BERNADETTE I'm no payin it. I cannae.

KATE I just hope they don't get the polis on tae us.

BERNADETTE The men would wreck the factor's offices if that happened.

KATE Aye. It disnae take much tae set them aff these days. I'll have tae go.

BERNADETTE Oh. I hope I havenae kept ye back.

KATE No.

BERNADETTE I meant tae tell ye. Five fish. I bought five haddock. Know how much they wantit?

KATE No.

BERNADETTE Wan an' thruppence. Wan an' thruppence! Would ye credit it? Thruppence for wan fish. An' they're wee things. Tiddlers.

KATE It's after four o'clock.

BERNADETTE Oh, I'm terrible, so I am! What are we staunin here for? I'll walk ye doun. I forgot tae get a wee biscuit in.

They begin to go.

BERNADETTE Aa we need's MacFarlane Langs tae pit a penny on digestives.

KATE Is Pat on the picket?

BERNADETTE Aye. I'd like tae see 'im tryin tae stop me if I wantit tae go in tae work.

KATE They've got tae dae it.

BERNADETTE You're as bad as the men.

KATE Where can I get wan o thae banners about the rents?

BERNADETTE They're aa over the toun.

KATE Like the Coronation.

They both go off.

10. THE TEMPERANCE INSTITUTE: FEBRUARY 1915

PAT *and* CHARLIE *are sitting behind a long table.* WILLIE *stands between them addressing a Union meeting. He holds some papers in his hand.*

WILLIE It's been a hard week. I've felt it. You've aa felt it. For wance the pubs are kinna empty, so the publicans have felt it. But, brothers, there's a few shipyards an' a torpeda factory no far from this hall, an' they're empty an' aa, so the bosses have felt it! [*Cheers.*] I want to record some things on the minutes. First of all, as just wan o' the organisers in this toun I want to say that I'm proud o every wan o yez. Your solidarity's a credit tae ye, an' I ask ye tae carry on till this great strike is over and *won*! [*Cheers.*] I don't want to stand up here aa mornin, but I've got to acquaint ye wi a few facts. I've always tried tae tell ye the truth. An' the truth about the Unions during this strike stinks tae high heaven. Not with us. Not with the rank an' file, but the support given tae the Government by the national Trade Union leaders, including the Allied Trades. . . and the A.S.E. . . . our ain high-ups, boys! Their support o the Government is an act of the grossest treachery to the working man! I've been told personally by a member of the National Executive that he was willing to agree with that wee Welsh. . . gentleman. . . Davie Lloyd George, to call off this strike an' to 'suspend' trade-union rights till the war's done. I'll tell ye exactly what he said. He said, 'It's aa-right for you blokes, but

60

we've been called up by the Government. We could feel a threat behind what they told us.' I says, 'What threat?' 'The threat of imprisonment,' says he. 'Who for?' says I. 'For us,' he said. Best place for traitors, I thought. But the tragic fact remains that the people at the top o' the tree... men who should be strong behind us... are, at the moment, daein it on their trewsers! They'll attempt to break us. But they'll never break us! [*Cheers.*] We're ready for them, aye, an' we'll be ready for Davie Lloyd George, tae, should he want to take us on! [*Cheers.*] Brothers, at this moment the very life of trade unionism is at stake. But remember, the committee behind this strike must always be known as the Labour-Withholding Committee. The very word 'strike' will send them panicking to the Defence of the Realm Act, or the Munitions Act, or some other instrument against the working people of this country, and as sure as there's a God in heaven they'll hae us aa breakin' up stanes in Barlinnie. There's people in high places that hate and despise us, brothers. That means we're strong! Before we get back on the picket, I must make two things clear. This is not an unofficial strike. Not at all. This is a spontaneous strike – a swift and necessary action because of the introduction of privileged employees at Weirs. But up to a point we've ourselves to blame. Six months ago, in the same shop, Weirs o' Cathcart, Chinese were employed. These Chinee workers were paid *less* for the same job, and no action was taken. When I learned this, my first words, in all confidence, were, it wouldnae have happened in a Greenock shop! [*Cheers.*] Brothers, we're in for more hard times in the week to come. I'm sorry tae say that nane o us are gonna get any richer. An' we're no gonna get fat, either. But we will be a credit to our muvement, an' a credit tae oursel's. . . . One final an' very important item on the agenda. It pruves we're no skint on Clydeside yet. The strike bulletin has made a profit of seven an' a tanner! [*Cheers.*]

11. THE JAMES WATT BAR: FEBRUARY 1915

The strike is still on, and so there are very few men in the Public Bar. EDDIE *stands behind the bar reading the evening paper.* HUGHIE *is sitting beside* SAM *at one of the tables.* SAM *is home on leave from the front. He is wearing uniform. His right arm has been amputated, and the sleeve of his tunic is pinned across his chest.*

SAM Aa packed in there like herrin in a box, so we were. Some ospital. I don't think the doctors knew what wis wrang wi ony o us.

HUGHIE That's no the worst o't, believe you me.

SAM What are ye talkin about?

EDDIE Lea Sam alane, Hughie. He must have a lot on's mind.

HUGHIE Never mind Eddie, Sam. This is the first drap o drink he's sellt aa week.

EDDIE I'll pit you outside.

SAM I wish I had steyed at hame. Honest.

HUGHIE Not at all. Dinnae start sayin the likes o that, Sam. What would we have done 'ithout ye?

SAM What about aa them bastarts across the road? Ye don't get blown tae bits runnin a strike.

HUGHIE I understaun how ye feel.

SAM Dae ye? You think, 'cause you were in that wee hauf-arsed rammy out there in Africa, you know what it's aa about, but ye don't. You havenae got the faintest idea what it's like in France. 'Over the top', bi-Christ! Five hunner men goin over the top at wan go, an' mebbie twenty-five gettin back alive, an' no aa in the wan bit, either. What dae ye think these boys think o thae bastarts across the road lyin in their ain beds every night. . . . out on bloody strike, bi-Christ? Dae ye think ye understaun that?

HUGHIE Sure I dae, Sammy boy, sure I dae, but just you wait tae folk start tryin tae help ye. 'Can I get ye this, Sam, can I get ye that? Would ye like tae go for a wee walk? Dae ye fancy a game o puttin? Oh, sorry, I forgot. It wis your airm, wisnae't?' Treat ye worse nor a wean, so they dae.

SAM Aye. It's lik that in the house.

JAKE *comes from the street and walks over to the bar.*

HUGHIE How a' ye, Jake?

JAKE No bad, Hughie, no bad. Sam. What are ye for, boys?

HUGHIE Mine's a wee pint.

SAM No, thanks.

62

JAKE *orders a half and a half-pint for himself and a pint for* HUGHIE.

SAM   You win all round, don't ye, Jake?

JAKE   What ye sayin?

SAM   Well, you didnae go tae France, an' the haill toun seems tae be on strike, bar you!

JAKE [*paying for drinks*]   Aye. I'm past it, son.

HUGHIE   Ye've got your whole life in front o ye, Sam.

SAM   What life? . . . What sort o life dae yez think I've got, eh? Twenty-wan. Twenty-wan year auld. Time just out, an' then this happens. A wan-airmed hauder-on! Where dae ye think I'll get a job?

JAKE   Ye'll get a start, Sam.

SAM   Much'll it cost us?

HUGHIE   Now, now, Sam.

SAM   How much, Jake?

JAKE   I might change my mind in a minute.

SAM   Aye, it's up tae you, Jake, in't it? I coulda won a fuckin battle, but when I come hame, it's still up tae you whether I can earn a copper or no.

JAKE   I understand why ye're bitter, son. Just forget it.

SAM   Forget it?

JAKE   Come on. Have a drink.

SAM   Would ye no rather buy a flag? It'll only cost ye a hapenny. I'll rattle my tin can, if ye like.

JAKE   I came in here for a drink, no an argument.

HUGHIE   Aye, cheer up, lads. It might never happen. Sam'll hae a glass o Bell's.

JAKE   Gie 'im what he wants, Eddie.

EDDIE *pours out a drink.*

HUGHIE   Seen Willie the-night, Jake?

JAKE   No. He's speakin up the Temperance Institute.

EDDIE *gives* JAKE *his drink.*

JAKE   There's your whisky.

63

SAM *rises and moves over to the bar to collect his drink.*

SAM [*to* JAKE]   Sorry I lost the place, Jake.

JAKE   That's aa-right. Come an' see me when it's settled.

SAM   When's 'at gonna be?

JAKE   Hard tae say. Willie's got them solid, an' that Charlie McGrath's never done agitatin. While yet.

HUGHIE   Thought Charlie wis a pal o yours, Jake.

JAKE   I know 'im. I cannae help that. He's no close or anything. Thank Christ. Too quick off the mark, if ye ask me.

SAM   Who is 'e?

JAKE   Frae Glesga. Engineer. Doun helpin Willie tae organise the strike.

SAM   Christ, they're better organised when they're out on the street than when they're at the tools.

HUGHIE   Aye. Nothing's simple ony mair. I thought bein on strike meant they sat in the house.

EDDIE   It looks like it the-night.

WILLIE *and* CHARLIE *come in from the street.*

HUGHIE [*sotto voce*]   It's the secret service.

SAM   Ye look pleased wi yoursel', Willie.

WILLIE   Hello, Sam. This is Charlie McGrath.

CHARLIE   Hello.

SAM [*to* CHARLIE]   Are you the commandin officer?

JAKE   You want somethin', Charlie? [CHARLIE *sits down at one of the tables.*]

CHARLIE   No for me, Jake.

JAKE   I forgot. [*He goes over to the table where* CHARLIE *is sitting.* WILLIE *orders a drink.*]

WILLIE   A pint, Eddie.

JAKE   How's it goin?

WILLIE   Good meetin the-night. [WILLIE *and* JAKE *sit down beside* CHARLIE, JAKE *in the middle.* WILLIE *is looking at his notes.*]

JAKE   Sam's no feelin too good.

WILLIE   Oh.

JAKE   Understandable.

64

WILLIE Sorry, Jake, I wisnae listenin. What were ye sayin?

JAKE You've got mair important things on your mind.

CHARLIE [to WILLIE] I'll try tae get aa that copy for the Strike Bulletin before the weekend. Went well the-night, I thought.

WILLIE Champion.

CHARLIE [taking bundles of paper out of his case] We'd better stack these voting forms.

They begin stacking the forms. JAKE *rises and goes over to the bar to join* SAM *and* HUGHIE.

SAM [to HUGHIE] I wisnae expectin a pipe band an' a hera's reception or anything, but, Christ, ye'd think folk might be pleased tae see ye. Willie Rough looked right throu us, so he did.

JAKE A bit touchy, aren't ye?

SAM Would ye look at them? Like a coupla stick-men for a squad o hures. . . .

JAKE I don' know what tae dae wi mysel the night.

SAM Are they no talkin tae you, either? I don't know what's worse. . . . bein wan-airmed like me, big men lik them, or sittin in the middle lik you.

JAKE Aa-right, Sam, that's enough o your patter for wan night.

SAM They don't need you ony mair, Jake. Look at them. They've got what they want. You're a back number.

JAKE I don't know what the fuck I'm doin here!

JAKE *leaves the pub.*

WILLIE *and* CHARLIE *go on piling up the ballot papers. They do not see* JAKE *go.*

12. THE HILLS ABOVE GREENOCK: FEBRUARY 1915

WILLIE *stands staring straight ahead at the view below him.* CHARLIE *is sitting on the ground near him. He is scribbling on a jotter. He licks his pencil, then scribbles some more. . . .*

WILLIE It's great up here, so it is.

CHARLIE Eh?

WILLIE Aa this speakin's murderin me. My voice's goin. What ye writin?

CHARLIE An article.

WILLIE For a paper?

CHARLIE There's nae paper would print what I want tae write, an' you know it.

WILLIE Well, what is it?

CHARLIE I'm gonna start wan.

WILLIE A paper?

CHARLIE Aye.

WILLIE On your strike pay, like?

CHARLIE Don't be funny. Ye've got tae think what comes after. What's the next demand? What's the next step? We cannae trust tired auld union men. We've got tae see a way ahead oursel's.

WILLIE Aye, it's a rare gift tae be able tae see what's ahead o us. McLean's got it. He's a great man. I've never met anybody like him, an' you havenae, either, if ye were tae be honest about it.

CHARLIE He's a dreamer. He's a wonderful dreamer, but he's still a dreamer. Sure, he tellt everybody what the war wis about, an' he did gie this river a bit o pride that it was badly in need o, but surely you can see 'at that's no enough.

WILLIE Try as ye might, Charlie, ye'll no make me think any the less of him. If I hadnae heard him, how dae ye think I'd hav the gumption tae run this strike? I'm tellin thae men what tae dae. That's a hell of a responsibility.

CHARLIE Sure it is. But what's next? If Weirs send the Yanks packin, dae we go back, or dae we wait till Christmas for the twopence an hour?

WILLIE We go back before we break our strenth.

CHARLIE Then what?

WILLIE You go back tae your patriots across the negotiatin table, an' I go back tae mine.

CHARLIE That's gonna dae us a lot o good.

WILLIE The Weirs situation is a different issue frae the tuppence an hour. When we've got some of our strenth back, we'll go for that.

CHARLIE You're wrong: we must use our solidarity *now* for the overthrow o the whole system.

66

WILLIE   What ye gonna dae? Dae ye want tae string up Mr Cosgrave an' the whole jingbang o them in Cathcart Square an' sell tickets?

CHARLIE   Mr Cosgrave! Can ye no see further than your ain midden, Willie?

WILLIE   I've got enough on my mind giein thae men the spunk tae stay out. If every shop wis as solid as mine we'd be laughin.

CHARLIE   What's that supposed tae mean?

WILLIE   Where's your shop? Glesga. That's where you should be. What ye daein here?

CHARLIE   You asked me down a while back. Remember?

WILLIE   Thanks for comin. Ye can skidaddle aff hame again as far as I'm concerned. Away hame an' write a book about it. This is the first half-hour's peace I've had in the last fortnight, an' I've come up here tae enjoy it. I want tae be up here lookin doun there. That's my wey o gettin free o't for a wee while. I can see my house, an' the school my laddie goes tae. There's the yard an' my church, an' the Municipal Buildings. Somehow I've always got mair go in me when I've been up here.

CHARLIE   You should get doun on yer hauns an knees an' offer a prayer for our salvation.

WILLIE   There's some things ye don't joke about. Whit are ye, anyway?

CHARLIE   Ye mean am I a Catholic, Prod'sant, Wee Free, or Anabaptist, I suppose. I'm nothing. Nothing tae dae wi any o that nonsense, anyhow. How can ye staun there talkin about 'my church'? Ye seen the light, or something? Ye tryin tae convert me?

WILLIE   I'm no tryin tae convert anybody. A man has tae staun for somethin'. My religion's nothin' tae dae wi anybody else. I'm no explainin it. It's wan o the things that's mine.

CHARLIE   But ye tellt me the strike was condemned out o the pulpit in the Mid Kirk. Some o them think we're gettin a hand-out frae Berlin.

WILLIE   They're just feart. My minister wouldnae dare. We'd walk solid out o there an' aa, if he did.

CHARLIE   Dae ye walk under ladders? [WILLIE *reacts, but says nothing.*]. . . Ye know when tae stop, dan't ye? That's hauf the trouble wi you.

WILLIE   There's somethin' tae you, Charlie. Sometimes I wish ye were at the bottom o the Clyde wi a hunnerweight o scrap roun your neck, but you've got a way wi ye, and I swear tae God I covet it sometimes.

CHARLIE Ye're better away doun tae the kirk, then, ye've time for a psalm an' a lesson before the shop meetin.

WILLIE Right. Right. Hauf time. We're like a couple o weans. Ye've got me as bad as yoursel'.

CHARLIE I wish ye were [*He returns to his jotter, rereads what he has written, then licks his pencil, and scribbles some more.*]...

WILLIE I wish the gorse wis out. [*He lies flat looking at the sky. Silence. . . . Then sitting up*] Ye mean a whole paper?

CHARLIE Aye. What dae ye think?

WILLIE Well. . . I thought it wis like the Strike Bulletin.

CHARLIE Na. A real radical paper that prints exactly what's happenin aa over the world, an' what should be happenin. No quarter. What about you writin somethin'? Ye write maist o the Bulletin.

WILLIE That's different. That's my job.

CHARLIE If I ever get it goin, I'll pay ye tae change your mind.

WILLIE If I write anything for a socialist paper, I'll write it 'cause it needs written, I'll no be after any cash in hand!

CHARLIE So ye will write something?

WILLIE I might an' I might no.

CHARLIE Nae hurry. . . .

WILLIE What dae ye think?

CHARLIE What?

WILLIE The wife's out on a rent parade the-day.

CHARLIE Is 'at a fact? They're aa over Glesga.

WILLIE No wonder the sheriff's officers are feart, faced wi a pack o wild weemin armed wi brushes, clathes-poles, an' God knows what else. I wouldnae like tae face them. There'll be hunners o prosecutions, I tellt Katie.

CHARLIE Mebbie I should be askin her tae write a wee bit for my paper.

WILLIE I'll write it. I'll dae the article for ye. Satisfied?

CHARLIE Satisfied.

WILLIE Hey! That's twenty-five past three on the Mid Kirk clock. Ye comin?

CHARLIE Aye. I've got tae get up tae Glesga an' sort out a few waverers.

68

PAT [*off*] Willie!

WILLIE I tellt ye ye should be at hame.

PAT [*nearer*] Willie!

WILLIE [*to* CHARLIE] Who's 'at?

CHARLIE Dae they want you?

PAT [*nearer still*] Willie! Willie [PAT *arrives, breathless, holding his shoulder in pain. His head is bleeding.* HUGHIE *follows close behind him.* PAT *collapses exhausted.* WILLIE *and* CHARLIE *go over to him, followed by* HUGHIE.]. . . Willie, ye've got tae get doun by. They cam aff the three-o'clock train. . . strike-breakers. . . I don't know who's payin 'em. There's broken heids everywhere.

HUGHIE Right throu the picket they went.

CHARLIE Where are they?

HUGHIE In the yard. Where dae ye think? [CHARLIE *runs off very quickly.*] No, Charlie. It's no you that's wantit. Charlie!

WILLIE Nou, caa canny. Canny, boys. Are the polis there?

HUGHIE No many.

PAT It wis sudden, like. I've never seen any o them afore.

HUGHIE Hard men. The bastarts. Listen tae me, Willie Rough, you get doun that yard at wance, afore Charlie starts an ever bigger rammy an' pits the baa on the sclates aathegither.

WILLIE He'll no dae anythin' till I get there.

HUGHIE I'm lame, but you're fuckin blind!

WILLIE Can ye get up, Pat? [*He lifts* PAT *to his feet.*]

PAT I had tae come an' get ye, Willie. I didnae ken what tae dae. I wis feart tae dae the wrang thing.

HUGHIE Come on! Are you waitin tae it gets dark?

WILLIE I'm comin. I've just got tae think what I'm gonna dae.

HUGHIE Think on the road doun. Are ye fit, Pat?

PAT Don't worry about me.

WILLIE Gie'm a haun, Hughie.

HUGHIE Who's gonna gie *me* a haun?

PAT I'm aa-right, I tellt yez!

PAT *goes off.*

WILLIE Nou, you bloody well stay out o it, Hughie.

HUGHIE Aye. We'll see. We'll see. We'll see.

WILLIE *runs off.* HUGHIE *follows.*

13. A WARD IN GREENOCK ROYAL INFIRMARY: FEBRUARY 1915

HUGHIE *is lying on a simple, iron hospital bed. His eyes are shut.* WILLIE *comes in quietly and moves over to him.* HUGHIE *opens his eyes.*

HUGHIE What?

WILLIE Hello, Hughie.

HUGHIE Is 'at you, Willie? Aye. I'm glad it's you.

WILLIE Is the pain bad?

HUGHIE I don't know. It's that dope. I cannae feel a thing, so there's nae wey o tellin how bad I am. The doctor musta decided I wouldnae be able tae thole it. If he's right, I'm finished.

WILLIE Don't talk daft, Hughie. You'll be on your feet in nae time.

HUGHIE [*smiling*] Hav I got any feet?

WILLIE Och, Hughie!

HUGHIE Figure o' speech. Dinnae be saft, Willie. I've got used tae only haein the wan. What's the difference? Sure, I hope ye're right. I don't care if I hav tae wheel mysel' about on a wee bogie like a damaged wean as lang as I get out o here. Skatarry's no in it.

WILLIE But it wisnae your fight, Hughie. I tellt ye to stay out o it.

HUGHIE I wis tryin tae help ye, Willie. When I saw our boys gettin stuck intae thae dirty bastards, I just had tae try an blooter wan or two wi the auld crutch. I couldnae help mysel'. I'm leanin against this waa layin about me, when this big red-heidit fella starts runnin for the gates. He had somethin' in his haun, ye see? I shouted: 'Where the fuck did that come frae?' It looked lik a gun, but I thought it was a wee toy. It didnae look lik a real wan. I didnae think it was gonna blow ma fuckin leg aff.

WILLIE I don't know what tae say, Hughie. I swear tae God, I wish I wis lyin there in your place.

HUGHIE What did the band play?

WILLIE Ye're the only man who rushed in the gates wi us that had nothin' tae gain.

HUGHIE Are ye daft aathegither? Everybody in this toun shoulda been behind ye. We aa shoulda rushed past the polis tae get our hauns on thae bastarts. If you an' the men had no been so resolute. If ye hadda been in two minds about goin back, they wouldnae had tae send anybody doun frae wherever it was they cam frae. You an' folk like ye are costin some o the big bugs a fortune, so yez are. They dinnae like that too much. They'll hav tae invite ye back e'nou. Wait tae ye see. Ye havenae got a wee dram about ye?

WILLIE   Eddie gied me a gill o Lang's for ye. The Bell's is aa done.

HUGHIE   Oh, Lang's is just champion. Gie's it.

WILLIE *looks round to see if there are any doctors or nurses about, then quickly hands the bottle to* HUGHIE. HUGHIE *opens it and takes a long slug.*

HUGHIE   I can really taste it. Down. Down. Down she goes. That's hell of a good o ye, Willie. To the last drop.

WILLIE   Keep some o it.

HUGHIE   Just a wee tait mair.

WILLIE   You're a hell of a man.

HUGHIE [*finishing the whisky*]   The last drop. I used tae hav a set o whisky glesses, ken? Afore the wife deed. They were engraved. Ye saw a man on the gallows bein hung, like. Below 'im it said 'The last drop'. . . . on the bottom o the gless, like. . . . Dae ye no see it?

WILLIE   I'll come back in the mornin.

HUGHIE   I might no be here. Onywey, we drove them out. I suppose that means we wun?

WILLIE   The doctor said I should only stay a wee while.

HUGHIE   Willie, would ye tak a wee bit o advice, if I gied it ye?

WILLIE   What's 'at?

HUGHIE   Gie's your haun. Listen. Try tae keep the company o our ain lads. Pat an' Jake an' 'at. Stay awa frae Charlie McGrath. He's. . . Ye know what I think o him. Just dae what I tell ye. How's Pat?

WILLIE   It's just a sprain.

HUGHIE   That's good. [*Groaning in pain.*] Mebbie this auld heart couldnae staun them takkin the leg aff, or mebbie I'm just no as young as I wis, but that pain's gay bad, dope or nae dope. It's funny. Ye ken, in Africa I kent I'd come hame. This is a different thing aathegither. Willie, I think ye'd better get the priest.

WILLIE   I never knew ye were a Catholic, Hughie.

HUGHIE   Waddins an' funerals.

WILLIE   I'll get wan.

HUGHIE I'll pit in a good word for ye up the stair. Here! Mebbie it's doun by I'm goin.

WILLIE I'll come back wi the priest.

HUGHIE I wish ye didnae have tae. [WILLIE *moves a step away.*] Try an' get, eh. . . what d'ye cry him? Flynn. Aye. Canon Flynn, an' hope tae Christ he remembers me.

WILLIE Eh. . . Hughie. . . what's your ither name, again?

HUGHIE [*smiling*] Naebody knows it Frizell Stupit name, in't it? Hughie Frizell.

WILLIE Anythin' ye want?

HUGHIE I don't think the priest would appruve o my last request.

WILLIE Eh?

HUGHIE It's that lang since I've had my hole, so it is. I wouldnae mind a wee bit o stuff.

WILLIE [*laughs.*]. . . The pain bad?

HUGHIE It's muvin about inside me. I doubt the haill engine's giein it up as a bad job.

WILLIE I'll no be long.

WILLIE *goes out.*

HUGHIE Nurse? . . . [HUGHIE *is in pain. The* NURSE *seems a long time coming. Eventually she comes in, a plain, scrubbed girl with dark hair.*] Nurse, could ye oblige me wi a cigarette?

NURSE You know you're not supposed to be smoking.

HUGHIE But ye'll gie me wan, win't ye? [*She gives him a cigarette, then lights it for him He takes a long draw.*]. . . Ye got [*weakly*] a heavy date the-night?

NURSE No.

HUGHIE [*growing weaker and weaker*] Ye a local lassie?

NURSE Kilmarnock.

HUGHIE I like it doun there.

NURSE It's nice enough, I suppose.

HUGHIE [*weaker*] Ye've got a nice face.

NURSE [*serious, but humouring him*] You're terrible!

HUGHIE [*now very faintly*] Honest. . . . [*The* NURSE *takes the cigarette from his mouth. He closes his eyes. She leaves, carrying the cigarette awkwardly to save the ash from falling on the polished floor.* HUGHIE *reopens his eyes. He stares in front of him.*]. . .

14. THE SHIPYARD: APRIL 1915

There are a few tin drums and a couple of wooden boxes to sit on. The APPRENTICE *comes in carrying some metal tea-cans with handles. He is just going off to make the tea. The horn blows loud and long for lunch-time.* PAT *comes in, carrying his own tea-can.*

PAT   Hey, you!

APPRENTICE   What?

PAT   Will ye boil my can?

APPRENTICE   Much ye gie us?

PAT   I'll gie ye a kick up the arse if ye don't.

APPRENTICE   Where's your ain can-boy?

PAT   Yeeprez.

APPRENTICE   Oh. My gaffer says I'll hav tae go if conscription comes in. Will I?

PAT   What age are ye, son?

APPRENTICE   Fifteen past. I'm nearly sixteen, so I am.

PAT   Christ!

APPRENTICE   Here's Jake comin. It's time I wisnae here.

The APPRENTICE *runs off taking* PAT'S *can.* PAT *sits down on one of the boxes.* JAKE *comes in. The others are in their working-clothes, and all wear caps. They are dirty, and speak louder than before.*

JAKE   Patrick.

PAT   Hello-rerr, Jake.

JAKE *sits down on a drum.* PAT *begins to unwrap his 'piece', which consists of thick sandwiches wrapped in newspaper.*

JAKE   Did ye see that boy?

PAT   Aye. He's away tae boil the cans.

JAKE   Dead slow an' stop, that yin.

WILLIE *comes in. He sits down on a drum and takes out his 'piece'.*

WILLIE   Workin hard, Pat?

PAT   Aye, kept goin. What about you?

WILLIE   Rush job.

JAKE   Aye. Cosgrave's been at me about it. It was supposed tae be finished in the month o Feb'ry, but the strike put the kybosh on that. He'll be lucky tae deliver by the Fair, so 'e will, an' that's three months away.

The APPRENTICE *comes on carrying the steaming cans of tea. He gives one to each of the men.*

JAKE   Did ye hav tae plant it first?

APPRENTICE   I've only got wan pair o hauns.

JAKE   Changed days since I wis a boy.

APPRENTICE   Wis 'at in the good old days?

JAKE   Nane o your lip. Scram!

APPRENTICE   Can I no hav my piece wi youz?

JAKE   No, ye cannae. We're talkin. Get tae fuck.

The APPRENTICE *goes. Each man has a little tin of sugar in the breast-pocket of his dungarees, and a medicine-bottle full of milk in his jacket-pocket. They stir their tea with pencils.*

PAT   What ye got the-day, Willie?

WILLIE   Cheese.

PAT   Gie ye a corn' mutton for a cheese wan.

WILLIE   Right y'are.

They exchange sandwiches. The men eat their lunch and drink the tea from their cans, blowing on it first. PAT *is still reading the paper. . . .*

PAT   Listen tae this. [*Reading paper.*] Churchill. . . 'We will sacrifice our last shilling and our last man.' Our last man! Hey, I don't like the way he's talkin about me.

WILLIE   He's no talkin about you, Pat. He's talkin about himsel'.

JAKE   Nae flies on him. He's got a good job.

PAT   He's dead jammy, so 'e is. [*They go on eating and drinking.*]. . .

JAKE   Oh, Willie, I meant tae tell ye.

WILLIE   What's 'at, Jake?

74

JAKE   The wife got a wee present for your new wean.

WILLIE   Oh, ye shouldnae hav bothered, Jake.

JAKE   It's just a wee mindin.

WILLIE   That's hell of a good o ye.

JAKE   A wee rattle.

PAT   Three nou?

WILLIE   Aye.

JAKE   Are you two havin a race, or something?

WILLIE   I don't know what tae call her. Katie thought it was gonna be a wee boy.

JAKE   We've been talkin about adoptin wan.

WILLIE   Ye should, Jake.

PAT   Hey, listen tae this, lads. It's about us. Christ almighty! Wait tae ye hear this.

WILLIE   Out wi't, then.

PAT   'If one asks what event disillusioned the Liberal Government – the answer is the Clyde dispute, and nothing else.'

JAKE   Mebbie it was worth it, then.

WILLIE   I wis never sae sure o anythin' in my life.

PAT   What exactly is this Clyde Workers Committee?

WILLIE   I'm stayin away frae that.

PAT   But they asked ye on tae it, din't they?

WILLIE   Aye, sure. But ye'd never be at your ain fire-side. Too much. It's aa-right for the likes o Charlie. He's no mairried or anything. He can shoot 'is mouth aff three nights on a Sunday, an' naebody'll complain.

PAT   I'd sooner hav you tae represent us than the likes o him.

WILLIE   Charlie McGrath's tryin as hard as anybody else I know tae get better conditions o work on this river. Him an' the whole Workers Committee'll no staun any shite frae anybody. Aye, an' that's includin Lloyd George himsel', so it is.

JAKE   I think ye'd quite like tae be on it, aa the same, Willie.

WILLIE   What if I would?

JAKE   They need somebody a wee bit level-headit.

WILLIE   Oh, I keep in touch wi them, like, tae keep our branch informed. I'm writin a wee article for their magazine.

PAT *takes the magazine from his pocket.*

PAT   Is it in this wan?

WILLIE   No. It'll be in the next wan.

JAKE *looks over* PAT'S *shoulder.*

JAKE   *The Worker*, 'Organ of the Clyde Workers Committee'. It looks quite interestin. Gie's the wire when your name's in it.

PAT   Keep that, if ye like, Jake. I've read everythin' I wantit tae read in it.

JAKE   I cannae be seen wi the likes o this!

WILLIE   What's wrang wi't?

JAKE   Are you forgettin I'm a foreman? Can ye imagine me at a meetin up the stairs, an' that faain out o ma pocket, an' Cosgrave pickin it up an' readin about what's gonna happen tae the likes o him when the Revolution comes? I'd be out o here faster than my dug gets aff 'is mark. [*They all laugh.*] By Jeeze, that's no very fast, maist o the time.

WILLIE   It's no like you tae be feart, Jake.

JAKE   I'm keepin my nose clean.

WILLIE   Ye chynge wi the win', Jake.

JAKE   What about you? You're savin a lot on train fares these days.

WILLIE   I tellt ye. This branch an' this yaird an' this toun's aa that concerns me at present. 'S 'at no enough for wan man?

PAT   Dis this new Rent Act mean 'at our rents'll no go up at aa, even if the war goes on anither year?

WILLIE   Ten years! Till the end o the war, an' six months beyond, rents are restricted. It's in black an' white.

PAT   Bi-Christ, thae weemin did what the men couldnae dae. We're still waitin on that rise.

WILLIE   Formality nou, Pat. Keep the workers happy. That's the new plan.

JAKE   What's the catch?

WILLIE   Conscription. They'll be losin men aa over the place. Potential tradesmen, anyway.

PAT   Aye. That boy there. He's only fifteen, bi-Christ. He'll hav tae go, tae. Ye're aa-right if your time's out. We're aa-right.

JAKE   Who's gonna boil the can?

WILLIE   Dilution. Weemin'll be platin an' caulkin an' hole-borin an'. . . .

76

JAKE An' a few things mair, if I know some o the dirty buggers in here. [*They laugh.*]

JAKE Can you imagine this yaird wi nae swearin?

PAT Is this dilution serious, Willie?

WILLIE Mebbie no here, but the torpeda factory'll definitely get its quota.

PAT How much are they gonna pey them?

JAKE How? Ye thinkin o gettin the wife out heatin rivets?

PAT No, just curious. What's the rate, Willie?

WILLIE Washers. They'll pay them in washers. Plenty there for the Clyde Workers Committee tae get their teeth intae. By Jeese, I'm glad I turned doun that big Committee job.

JAKE Are ye sure o that, Willie?

WILLIE Aye. When ye get on that train tae Glesga it's aa politics.

PAT I'm glad ye're daein a wee bit for the *Worker*, tho. We're quite a famous shop because o you.

WILLIE I don't know if they'll pit the article in or no. I wrote it in the heat o the moment, like.

PAT When?

WILLIE When I cam hame frae Hughie's funeral.

JAKE It's taken ye a hell of a long time tae get it in.

WILLIE I wis gonna send it, then I wisnae, ye know? It's in my pocket. If Charlie comes doun, I'll gie'm it. If he disnae, I willnae.

JAKE Ye feart they'll tell ye it's rotten?

WILLIE Mebbie that's it.

JAKE [*rising*] I'll away an' see that job lined aff.

PAT Stick in, Jake. Ye'll be up the stair yet.

JAKE I'm savin up for a bowler hat.

JAKE *goes off.*

WILLIE [*taking a last sip of tea*] I meant tae tell ye, Pat.

PAT What?

WILLIE Somebody threw a brick at us last night.

PAT When?

WILLIE On the road hame. It just missed us.

PAT Mebbie it wis a wee boy playin.

WILLIE No. It wisnae.

PAT How dae ye know?

WILLIE It was too near the bloody mark.

15. PRINCES PIER, GREENOCK: MAY 1915

CHARLIE *sits on a bollard reading* WILLIE'S *article.* WILLIE *stands looking out to sea. Foghorns alternate with an occasional snatch of military music – a brass band one time, pipes and drums another. . . .*

WILLIE   Would ye credit it? 'More men. . . . More men.'

CHARLIE   This is good, Willie.

WILLIE   Ye can read it when ye get hame. Just look at them boats. Filled tae the brim, so they are. A lot o them's just boys.

CHARLIE   We cannae win that fight nou, Willie. Worry about what's goin on at hame. Dilution.

WILLIE   What dae I care about a few weemin goin tae make torpedas when the Clyde's full of troopships in front o me?

CHARLIE   There's folk that want the war tae carry on a bit longer.

WILLIE   Aye. They'll be retirin on their winnins when it's done.

CHARLIE   No only them, but. There's friens o mine that think we could take advantage o the war.

WILLIE   Ye're way ower my heid again, Charlie.

CHARLIE   What are ye talkin about? It's aa in your ain article here. 'Should the workers arm?' I thought it wis a bit strong for the likes o you.

WILLIE   I wrote that a long time ago.

CHARLIE   Did ye mean it?

WILLIE   Aye, sure I meant it. . . . [*Realising he's caught.*] You're a fly man, Charlie. Don't try to make me intae some kind o a revolutionist. I'm no John McLean. Aye, an' I'm glad I'm no. Ye cannae dae much for your shop breakin up stanes in Peterheid. But I'll tell ye wan thing. If you an your cronies are gonna pit the Red Flag on top o the City Chambers in George's Square, that'll be because it wis in your ain heids tae dae it. Don't pit the blame on some scribbles o mine.

CHARLIE   Ye're a changed man, Willie. What's the maitter?

WILLIE   Nothin'.

CHARLIE   It's done a lot o damage tae be nothing.

WILLIE   Folk hav been gey suspicious o me since the strike.

CHARLIE   But ye knew that would happen.

WILLIE   Aye, but knowin's wan thing, an' havin it happen tae ye's anither. Somebody chucked a hauf-brick at us. If I'd got in the road,

I'd be deid. An' last Sunday, last Sunday in the pulpit o my ain church, fire an' brimstone aa about us! I could tell the Minister wis talkin about me. There wisnae wan that said 'Cheerio' tae either Katie nor mysel' aifter the service, so there wisnae. That's the faithful for ye.

CHARLIE You don't have to stay here, ye know. Ye could muve up tae Glesga. Take your place on the committee.

WILLIE I've muved enough. I like Greenock. I'm stayin. It's too big. The whole thing's got too big for a man tae understaun. Too much has happened since I cam tae this toun. Look at thae boats. Rule Britannia! Us an' folk afore us built some o thae boats, an' look what they're carryin nou. An' it's no only the wans that'll no come back that worry me, it's the woundit an' aa. What the fuck are we gonna dae wi' them? Folk don't need that many baskets. An' you, Charlie, wi your revolt. That's war an' aa. I want the quiet back again. That's aa I want. The quiet.

CHARLIE Ye're no the man ye were, Willie. I sometimes wish we really were 'in league wi the dreaded Hun'.

WILLIE Ye aff your heid?

CHARLIE They'd gie us guns like a shot, so they would

WILLIE Guns! Dae you know what ye're talkin about?

CHARLIE We know aa-right.

WILLIE Is 'at aa ye dae on that Committee? Ye havenae forgotten about the rise, I hope.

CHARLIE That'll be throu in nae time at all. We're busy just nou settin up a welcomin party when the wee man comes tae see us.

WILLIE He's braver'n he looks, comin up here.

CHARLIE He's refused tae talk tae the Committee. Don't you worry yoursel. He'll see us.

WILLIE Lloyd George. I wouldnae mind five minutes wi him.

CHARLIE Ye've missed your chance, Willie. [*The pipes and drums which have been coming and going now sound much nearer. Tune:* Happy we've been aathegither.]. . .

WILLIE Would ye listen tae that!

CHARLIE I'll miss my train. Nou, dae ye want me tae take this for the paper or no?

WILLIE I gied ye't, didn't I?

CHARLIE Ye want it printed?

WILLIE I want it printed. [CHARLIE *puts the article away in his pocket. The pipes sound louder and louder*.]. . . The bands don't get any quieter, an' the songs are still hell of a cheery. It's aa lies. Frae Lloyd George right doun tae some big fat polis playin the pipes!

CHARLIE They make a hell of a noise at the best o times. [*On the other side, very near, a brass band strikes up* See the Conquering Hero Comes, *very loudly*.] Jesus Christ!

WILLIE Surrounded!

They both go off.

16. THE HILLS ABOVE GREENOCK: DECEMBER 1915

WILLIE *and* KATE, *both wearing overcoats, walk past the stump of a dead tree.* WILLIE *is pushing the pram. He brings it to a halt and looks down at the town.*

KATE We'll catch our death up here.

WILLIE It's great, the snow.

KATE Ye're as bad as William wi's sledge.

WILLIE It's as well I got Pat tae make 'im that. He'll no be gettin much else this Christmas.

KATE But they'll no jyle ye, Willie. Surely. They canna. How am I supposed tae feed three weans wi my man in the jyle?

WILLIE I don't know what's gonna happen.

KATE Are ye feart, Willie?

WILLIE Aye.

KATE They might let ye aff.

WILLIE No chance. How dae ye think they're havin the trial in Edinburgh?

KATE But it wis only words, Willie. A wee article in a paper. Very few read it. Oh, Willie I wish ye'd never written it!

WILLIE What's done's done.

KATE I've never been tae Edinburgh.

WILLIE You're no comin.

KATE I want tae be wi ye, Willie.

WILLIE   As sure as God's in heaven, I'll get a year, or at the very least six months, an' I don't want tae see your face when they haul me out o that court.

KATE   I'll bring the weans tae see ye.

WILLIE   No. Tell them I'm away tae England tae work.

KATE   We've never tellt them lies, Willie, an' I'm no about tae start, so I'm no. They'll find out anyway.

WILLIE   How?

KATE   Folk'll tell their weans, an' their weans'll soon tell William in the school playgrund. There's no many secrets in this toun.

WILLIE   No. Ye're right. Oh, I'm stupit! I wis in two minds whether tae gie it tae Charlie or no.

KATE   I wish ye'd never clapped een on him, so I dae.

WILLIE   It's past, Katie. At least, it soon will be. The day aifter the-morra they'll at last hav me in some kind o uniform. I wonder if they've really got wee arrows on the jaicket.

KATE   What are we gonna dae, Willie?

WILLIE   There's nae point greetin about somethin' we don't know. I might be lucky an' only get the six months, but wi that Zeppelin raid over Edinburgh last night the jury'll be sharpenin the knife, I'm thinkin. Six months isnae long. It's mair'n six months since wee Sarah was born.

KATE   I knew somethin wis gonna happen, Willie. I knew it. Just as we were beginnin tae get over the strike, an' people starin at us a wee bit less, this has tae happen. We were just back tae normal. We were gettin on our feet, so we were. We mighta saved a shillin or two nou that the rent's no chynged. We need a bigger house, Willie, wi three weans.

WILLIE   Dae ye think I want tae go tae the jyle? What's gonna happen tae the Union when I'm in Peterheid? Christ only knows.

KATE   If ye'd worry a bit mair about yoursel' insteid o other folk, we might no be in this mess nou. What possessed ye tae write that stuff? If Charlie McGrath wants tae run the country, he can staun as an M.P. lik onybody else. The people would soon show who they wantit, an' it might no be him.

WILLIE   It wis my ain doin. I wisnae thinkin about anybody else. I wisnae even thinkin about you.

KATE   I don't understand ye Willie. What did ye dae it *for*?

F

WILLIE   I wis angry.

KATE   Ye'll hav time tae regret it nou, aa-right.

WILLIE   But I don't regret it. . . .

KATE   It's freezin, Willie. Come on doun. The best way tae look at a white Christmas is through the room windae, when the fire's on.

WILLIE   I'm comin, Katie. When I get out, I think we'll pack up an' get away frae this place aathegither.

KATE   Australia or someplace lik that?

WILLIE   Canada, America mebbie.

KATE   But we don't know anybody, Willie.

WILLIE   We didnae know anybody here when we came. We're still strangers tae maist folk.

KATE   I don't think ye want tae, Willie. Ye're thinkin ye might hav tae, in't ye?

WILLIE   I'll no be short o time tae make my mind up, will I?

KATE   Come on doun intae the warm. I don't want her tae get a chill.

WILLIE   Right. It's nae life for you, Kate. Where hav ye been? Naewhere.

KATE   I'm no complainin.

WILLIE   That's true, Kate. Ye've never done much o that. [*He begins to walk away.* KATE *turns the pram towards home.*]. . . Well, we'll no be up here for a while. [KATE *walks over to him. She takes his arm. Together they walk off down the hill with the pram.*]. . .

17. EDINBURGH: A CELL: DECEMBER 1915

WILLIE *and* CHARLIE *sit waiting to be taken to prison.* CHARLIE *has some books beside him on the bench.* . . .

CHARLIE   You in the huff? . . . Do I detect a wee wave o huffiness?

WILLIE   You might have said *somethin'*.

CHARLIE   No point.

WILLIE   Six months in prison's worth complainin about, is it no?

CHARLIE   Sure, it wis a fine wee speech ye made, Willie, but naebody wis listenin tae ye. This is Edinburgh. . . .

WILLIE   Ye let me down, Charlie. [*He takes a fag from his packet of Gold Flake, lights it, and inhales deeply.*]. . . I'll miss the New Year.

CHARLIE   Aye, an' I'll miss it next year as well. Still. . . what's the odds? Cannae be bothered wi't anyway.

WILLIE   I cannae fathom you, Charlie. . . . Ye don't smoke, don't drink. . . nae wife. . . nae weans. . . .

CHARLIE   No problems.

WILLIE   Apart frae eighteen months in the clink.

CHARLIE   What d'ye expect me tae dae about that, Willie? Burst out greetin? No point. I've been inside before, but I'm no gonna waste my energy fightin wi the warders this time.

WILLIE   Didnae take ye for a hard man, Charlie.

CHARLIE   Oh, not at all, reformed character. It's ages ago. Now I'm quite prepared to sit an' read Marx, Engels, an' *Moby Dick* over an' over again until they open the gates. It's not all tottie-howkin and breaking stones, you know.

WILLIE   It's a bloody holiday for you, in't it?

CHARLIE   You've got to face facts, Willie. What else can ye dae? Mebbie ye think ye can jump ower the waa, or something? Well, I've got news for ye – they're kinna high, an' ther' a hell of a lot o big teuchtar warders tryin tae keep ye in, for that's what they've been tellt tae dae. If ye think about the outside aa the time, ye'll go mad. It happens tae some. You've got tae use the heid. There's ways of makin a wee stretch like yours count. Look at the history of the Revolution. Many a reputation was made behind bars.

WILLIE   I'll say this for ye, Charlie: ye're the first man I ever met 'at *wanted* tae be in the jyle.

CHARLIE   There's worse places.

WILLIE   But we didnae commit a crime, Charlie. For the first time in my life I wrote doun something I believed in. Sure, I wis willin tae go tae jyle for my convictions, because I kent that wis the law. But the law's wrang. A man should be free tae criticise. If there's nae criticism, there'll be nae chynge, an' the same fools'll be runnin the country election aifter election, and the voice o the workin people will never be heard! That's what that sentence this mornin wis about, an' that's why I wis ashamed o your silence.

CHARLIE   But I'm tellin ye how tae win. If you stick wi me, 'Willie Rough' could amount tae something. You're no exactly a household

83

word, are ye? You wait. In eighteen months' time, when I come out o the gates, folk'll know all about it. The newspapers'll even be there waitin for me.

WILLIE Big man.

CHARLIE Sure. See you. You cannae see further than your ain nose. When you were knockin your pan out doun there in Greenock, I wis gettin mysel' known, makin contacts, gettin some kinna future aa sewn up for mysel'. Engineerin! It's a mug's game. You think I'm daft?

WILLIE Ye're a lot o things, Charlie, but ye're no daft.

CHARLIE These friens o mine, Willie. They've got influence. They decide what goes. . . in the Unions. . . in the Party. . . they're in charge o our bit o the world, son, an' I've made damn well sure they'll look after me all right. As for you. . . you don't know the difference between Winston Churchill an' Tommy Hinshelwood.

WILLIE Who's Tommy Hinshelwood?

CHARLIE Big fella wis in my class at school. Havenae heard o'm since. A nobody, Willie. A number. A private o the line, or a stupid ship-builder who's content tae turn 'is ticket aa 'is life. I've made damn sure that's no how I'm gonna end up. The other day. . . Thursday, it wis. . . I wis walkin by the tenement I wis born in. The windaes wis aa smashed tae bits. Broken glass everywhere. Condemned. An' you know what? I wis ashamed tae tell the person 'at wis wi me 'at that wis the house I wis reared in. That attic, up that close, in that condemned tenement, wi'ts windaes aa broken. An' that disnae mean I'm ashamed o what I cam up frae, or o onything my faither or mither did by me. It just means 'at I want a hell of a lot mair out o life than ony o them got. I've found out how it's done, so I'm daein it. That's all.

WILLIE Weill, ye'll no be daein it for a year an' a hauf, onywey. [*Smiling*] We're safe till then.

CHARLIE It's no funny, Willie. We're no aa as saft as you, thank Christ! When you get out, ye'll be back tae the yaird hopin everything's quietened doun a wee bit. Then it's back tae the bulk-heid bangin your hammer frae six o'clock till midnight, if they'll pay ye the overtime. I'm no goin back tae the tools for anybody.

WILLIE Rivetin's my trade, Charlie. I'm good at it. I'll ey get a start at it. You cannae be up tae much as an engineer when ye're chuckin it.

CHARLIE Ye're no gonna gie's a wee lecture on the glorious tradition of British craftsmanship, are ye? Ye've got tae go after the mainchance. There's nae future in bangin in rivets. A man like you could do very well workin wi the Union. Organisin. . . gettin better conditions for the boys, and the best part is that while ye're daein it, ye'll have a hell of a lot better conditions for yourself! Collar an' tie. Travellin expenses. No sweat. Nothing like it.

WILLIE   I'm happy enough in Greenock.

CHARLIE   Tae hell wi Greenock! I'm fed up hearin about Greenock. Come up tae the City. Get workin at headquarters. It would take ye about a week tae replace that balloon ye've got for a Secretary in the Allied Trades.

WILLIE   I've got a job, Charlie. I'm no aifter onybody else's.

CHARLIE   Know something, Willie?

WILLIE   What?

CHARLIE   You're a mug! [*He picks up a book.*]. . .

WILLIE   They'll be comin for us soon. Six months'll no be lang goin in.

CHARLIE   Ye cannae wait tae get back hame, can ye? Just wan thing, Willie. . . take a note o the day I'm due out.

WILLIE   How? What are ye gonna dae?

CHARLIE   Treat mysel' tae a new suit.

18. THE SHIPYARD: JUNE 1916

PAT *sits on a drum, sipping his can of tea and reading his paper.* WILLIE *comes in, dressed in a suit. He stops.* PAT *turns round.*

PAT   Willie Rough. . . hey! [*He gets up, walks over, and shakes* WILLIE'S *hand.*]. . . Christ! How are ye, pal?

WILLIE   Fine, Pat.

PAT   When did ye get out?

WILLIE   Yesterday mornin.

PAT   In for a start, like?

WILLIE   Aye. Where's Jake?

PAT   He's doun the yaird. I'll get 'im.

WILLIE   There's nae hurry.

PAT   Christ, it's great tae see ye, Willie. I've missed ye, so I hav.

WILLIE   How's Bernadette?

PAT   She's fine. You?

WILLIE   I'm no bad.

PAT   How wis it?

WILLIE   Well, I'm in nae hurry tae go back, if that's what ye mean.

PAT   Na. I'm sure an' ye're no.

WILLIE   Busy?

PAT   Kept goin. There's a launch the-morra.

WILLIE   Aye. I passed the boat. Is 'at where Jake's workin?

PAT   Aye. I'll get 'im. Look, Willie, come doun the-morra. It's no every day Cosgrave's haunin out the free drink.

WILLIE   No. Aye, I'll take a race doun.

PAT   I cannae tell ye how good it is tae see ye back. Things've been quiet 'ithout ye.

WILLIE   It's a long time.

PAT   I want tae know aa about it. Just curious, like. But it's time I wisnae here. I've had my break. They'll bag me if I don't get back tae the job. I'll run over an' get Jake for ye. Ther' a wee drap tea there. [*Giving* WILLIE *his can.*]

WILLIE   Thanks, Pat. [*Drinking.*] I forgot what yaird tea tastes like.

PAT   Aye. Parish Priest's tea, the wife caas it.

WILLIE   It's good.

PAT   I'll away an' get ye Jake. Be seein ye.

WILLIE   Aye. Thanks, Pat.

PAT *goes off.* WILLIE *sits down on a box. He drinks his tea. After some time* JAKE *comes on.*

JAKE   Hello, Willie.

WILLIE   Jake!

JAKE   Long time, eh? How was it?

WILLIE   It wisnae exactly a wee holiday.

JAKE   Six months.

WILLIE   A hunner an' eighty-nine days.

JAKE   I bet ye're sorry ye spoke.

WILLIE   I am nut.

JAKE   Oh. . . . I had my dug out at a meetin last night.

WILLIE   Did ye? How did ye do?

JAKE   Outclassed.

WILLIE   Hard lines.

JAKE   Honest tae Christ, ye work your drawers aff trainin thae dugs, so ye dae. But ye can only take them so far.

WILLIE   I wis wonnerin about a start, like.

JAKE   Aye. I wis thinkin that. Look. . . eh. It's hard the-nou. . . eh, Willie, ye know. I mean, I tried my hardest tae haud on tae your job, like, but ye know how it is. It's nothin' tae dae wi me, ye understaun. It's upstairs. Ye know what they're like. I got tellt by Cosgrave 'imsel' personally, like. If I wis the manager, it'd be different. It would be up tae me then, but I've got my boss, tae. You know how it is, Willie. . . .

WILLIE   Barred, is it?

JAKE   I wouldnae go as far as tae say that.

WILLIE   What would ye say, Jake?

JAKE   It's no my fault!

WILLIE   Is it no? Whose fault is it, then? If that's no victimisation, what is? I've had men threaten strike action for less.

JAKE   Aye. That's what you would dae! But it's changed days nou, so it is. It's a different yaird aathegither frae the way you left it. There's nae mair o your cairry-on. Nae mair strikes. Nae mair weeks 'ithout a pay-packet. Nae mair debts docked aff the first pay. Aa that's over an' done. Paid on a Saturday, an' there's a wee bit o piecework, an' the rise is throu an' aa. There's nae need for any mair trouble.

WILLIE   An' how dae ye think ye got the rise? Tell me that, Jake.

JAKE   Don't start, Willie, for Jesus' sake. Ye're only out o the jail five minutes. I'm sorry. I mean that. But there's nothin' I can dae about it. Another yaird that disnae know ye might start ye. It's no the end o the world.

WILLIE   It's the end o somethin' tho, Jake, in't it? It's the end of staunin up tae Cosgrave an' everybody like 'im. An' when strong men, like you who were on our side, chynge your tune, it's the end o any chance o winnin. Oh, I wis feart o't, Jake. Somethin' tellt me it would happen, but nou that it's happenin tae me, I cannae believe it. I changed you. I did. I know I did. I changed you, Jake Adams. Who changed ye back? Is it too much tae trust a man? Is that too much? Dae ye believe in anythin' at aa, Jake? Tell me that.

JAKE   I don't know what ye expect frae me. You trusted people far too much. That's the trouble wi you.

WILLIE   I'm sure o wan thing. I trusted you, Jake. Honest tae Christ, I trusted you. I musta been aff my nut.

JAKE It was different then, Willie. I wisnae actually involved in it, but I wis caught up in it. It wis like a fever up an' doun this river. McLean wis speakin wan night, Gallacher the next. You were tellin us what it meant. An' you were right *then*, Willie. But the war's a bit mair serious nou. Folk are dyin. They're no comin back. An' they're no folk we've never heard o. It's the man in the next close an' the boy next door that went tae the Sunday School. It's Greenock folk. Relatives an' friens, bi-Christ. We just stopped fightin the bosses an' got on wi the job. The likes o me find out ye cannae win. Ye can only make the best o what ye've got. An' aa that other stuff. Where did it get you? You an' your pamphlets an' your speeches. Six months in Peterheid, an' if ye cannae get a start, ye'll be at the Front wi a gun in yer haun.

WILLIE I bet ye'd like tae see me marchin doun Princes Pier aa in khaki wi the band playin.

JAKE I wouldnae mind. Folk as good as you hav had tae go. It's no near done yet. I'd go mysel' if I wis young enough.

WILLIE The whole machine's been at ye, hasn't it, Jake? My wee bit o sense hasnae been aroun for a wee while.

JAKE You think a hell of a lot o' yoursel', don't ye?

WILLIE Mebbie I dae. Mair than I think o the likes o you, Jake. That's a fact.

JAKE Ye're sayin things ye'll be sorry for. There was a time when I thought the sun shone out o ye. It's true, that, an' ye winnae believe me, but I'm sorry I cannae start ye.

WILLIE In some roun-about wey, I suppose ye are. Oh, God help ye, Jake, an' God help the country. When the likes o you stops botherin, the country's finished. Ye'll be forgettin tae go out an' vote next, an' that'll be the end. Ye deserve what's comin.

JAKE Mebbie ye'll get a start in Lithgows or up there in Siberia.

WILLIE If they've got you feart, Jake, the foremen up there must be really crappin it.

JAKE Aye. Well. . . there's plenty o work in Glesga.

WILLIE I've only been in Greenock a coupla years, Jake, but don't try throwin me out o my ain toun.

JAKE What's sae great about Greenock?

WILLIE There's bugger-aa great about it, but it's where I live, till I decide tae muve.

JAKE Look, Willie, I'm tryin tae help ye.

WILLIE Oh, stop it, for Christ's sake! Would ye stop tryin tae be nice? I cannae forgive ye. How can I? Ye've let me down. I wis sure about you, an' by Christ I wis wrang. I wish ye would go, Jake. If ye don't, I might hit ye. An' if I did, I might no stop. Ye know why? 'Cause you knew I trusted ye. Ye must have. You knew ye had that trust, an' knowin that ye broke it, like ye break a stick every night tae kinnle the fire. As easy as that. Away ye go, Jake. If ye see me comin toward ye, on West Blackhall Street, cross over. Don't say Hello as if nothin's happened. Forget ye were ever a brother o mine. [PAT *comes back along the yard towards* JAKE *and* WILLIE. *He stops near them.*]

JAKE Cheerybye, Willie. There's a lot o folk in this yaird sorry ye ever walked in thae gates, an' I'm no wan o them, but I'll be as glad as them tae see the back o ye. I don't suppose I can shake your hand, so, as you say, I'll just go. [*To* PAT] Ye've got wan minute tae get back on the job, Gatens!

JAKE *goes off.*

PAT What's the maitter wi him?

WILLIE The bastart'll no start me.

PAT How no?

WILLIE Orders. For wan man I've got a lot o folk hell of a feart.

PAT Ye'll get a start somewhere.

WILLIE Where?

PAT They don't know ye everywhere, Willie.

WILLIE But I want tae be known. I'm ashamed o nothin' I've done.

PAT But ye've got to pay the rent an' 'at. How's Kate been managin?

WILLIE She's been out washin stair-heids. How dae ye think I feel about that? Aa I want's a day's work, an' that's honest.

PAT There's other jobs forbye rivetin.

WILLIE Aye. The Army.

PAT Don't be daft. There's the farmin. They need farmers the-nou. Get out o the grime. I wish I could go tae the country.

WILLIE I like the grime. I've got tae stay, Pat. I've got tae show folk what it's like tae live by somethin' ye believe in. Mebbie I can change them by showin them that. Mebbie I cannae. But I've got tae haud my heid up, so that they can stick up for themselves an' no be feart tae demand what's theirs by rights. They can call me any name they like. They can brand me wi any slogan, any party, an' I'll answer tae them aa. They can jyle me again if they want tae, an' if they throw anither

89

brick at my heid, it had better kill me! 'Cause I'm here, an' I'm gonna haunt Jake Adams an' every worker in this river an' Cosgrave an' aa. I'll haunt them till they see sense or tae my time's spent. I'll turn everything upside doun an' backside foremost or die tryin. There's worse tae come.

PAT   But ye havenae got a start yet, Willie.

WILLIE   But I will, Pat. I've got tae.

The horn blasts long and loud. PAT *slowly walks away.* WILLIE *is on his own.*

THE END